（第二版）

打造小学卓越班级的 38个策略

许丹红 ◎ 著

中国轻工业出版社

图书在版编目（CIP）数据

打造小学卓越班级的38个策略/许丹红著.—2版.—北京：中国轻工业出版社，2022.12
ISBN 978-7-5184-4120-4

Ⅰ.①打… Ⅱ.①许… Ⅲ.①小学-班级-学校管理 Ⅳ.①G622.421

中国版本图书馆CIP数据核字（2022）第160211号

> 保留所有权利。非经中国轻工业出版社"万千教育"书面授权，任何人不得以任何方式（包括但不限于电子、机械、手工或其他尚未被发明或应用的技术手段）复印、拍照、扫描、录音、朗读、存储、发表本书中任何部分或本书全部内容，以及其他附带的所有资料（包括但不限于光盘、音频、视频等）。中国轻工业出版社"万千教育"未授权任何机构提供源自本书内容的电子文件阅览、收听或下载服务。如有此类非法行为，查实必究。

总 策 划：石　铁
策划编辑：吴　红　　责任终审：高惠京　　责任校对：万　众
责任编辑：吴　红　　责任监印：刘志颖

出版发行：中国轻工业出版社（北京东长安街6号，邮编：100740）
印　　刷：三河市鑫金马印装有限公司
经　　销：各地新华书店
版　　次：2022年12月第2版第1次印刷
开　　本：710×1000　1/16　印张：16.25
字　　数：140千字
印　　数：1—3000
书　　号：ISBN 978-7-5184-4120-4　定价：52.00元
读者热线：010-65181109，65262933
发行电话：010-85119832　传真：010-85113293
网　　址：http://www.chlip.com.cn　http://www.wqedu.com
电子信箱：1012305542@qq.com
如发现图书残缺请与我社联系调换
220179Y1X201ZBW

第二版前言

值此再版之际,我重新细细梳理了一遍书稿,扩充了一些内容,更换了一些案例。书稿,现在与时俱进,"血肉"丰满,有理论阐述,有实践指导,更令我欢喜了。

从2008年3月到今天,我已陆续出版了8部著作。诚然,每一部著作都凝聚着我的心血,是我昼夜勤作产出的"孩子"。但不得不说,《打造小学卓越班级的38个策略》这部著作,目前是我最喜欢、最满意的一部,说它是我30年班主任生涯的代表作亦不为过。

该书借助了38个心理效应,把我潜心做班主任以来,最有创意、最有灵气、最有特色、最富有探索气息的策略汇集在一起,是涵盖我德育特色的"精华之作""灵魂之作"。

为人师,我感到欣慰,有属于自己的班级,我可以在这"方亩之地"里自由耕耘。我只是如辛勤耕作的农夫一般,"晨兴理荒秽,带月荷锄归"。

美国女诗人狄金森(Emily Dickinson,1830—1886)说:"如果我能使一颗心免于哀伤,我就不虚此生;如果我能解除一个生命的痛苦,平息一种酸辛,帮助一只晕厥的知更鸟重新回到巢中,我就不虚此生。"

生命如歌,我敬畏每一个生命,诚挚地希冀每一个生命都能在教室里开花。因此我相信:挽救一个受伤落后的孩子,拯救一颗脆弱敏感的心灵,与教育一个优秀的孩子一样功德无量。我愿为此付出自己的努力。

与其说我是在打造卓越班级,不如说我是在做最好的自己:在珍爱自己的基础上,怀着初恋般的情怀去经营平常的每一个日子,努力用爱心、慧心守住属于我和孩子们的每一个日子，珍惜每一个日子；用美好的诗歌和故事、真诚的祝福和笑容，有效的措施和探索，尽自己的绵薄之力把这一个个日子小心翼翼地擦亮。我学着开设一门门课程，学着悄悄地靠近每一颗心灵，学着慢慢地在不远处静静等待，努力让自己和孩子们融入整个世界。

岁月是什么？岁月就是这一个个平凡而不虚度、不浪费、更不颓废的日子。平凡的日子里写满了一个朴实的心愿：静静守住一个小小的班级，守住经历岁月的风霜和洗礼之后对教育的这一点点理解和心愿——不让它蜕化为虚假的文字，不让它蜕变成空洞的口号，用实实在在的行动，让每一个孩子实实在在地过好每一天。

本书收录的大部分案例来自"红苹果班"。2008年9月，荣膺"浙江省春蚕奖"并开始走出浙江，在全国教育界崭露头角之际，我接手了"红苹果班"，遭遇了我教育生涯中最黑暗、最迷茫的一段时期：小儿尚在摇篮之中，公婆年事已高，无法协助照护他；我同时担任语文、科学两门主科的教师，而科学又是我不熟悉的陌生学科，每一节课前的备课工作要花费我许多时间和精力。对于"红苹果班"这拨天真可爱的孩子，无论我如何努力、采取何种教育方法，我付出的辛劳都几乎颗粒无收。无论是班级的考试成绩还是各类比赛的成绩，"红苹果班"都在年级垫底。那时的我在外已声名鹊起，而在校面临着各种质疑，生活和工作无形的压力排山倒海般向我袭来。

是"办法总比困难多"的自我勉励，让我一次又一次披星戴月地启程；是泥土散发出来的缕缕清香，让我想起了小时候帮助父母干农活的艰辛，从而静下心来，努力地沉淀、积累；是"让每一个生命都在教室里开花"的理念，让我一次次重新振作。我尝试着开发一门门课程：小干部课程，"乘着歌声的翅膀"课程，班会活动课程，激励课程，调动家长的积极性课程，班级文化建设课程，"魅力之星"课程……

课程，就是穿越一段段美好的岁月。在这样的穿越中，我和孩子们的心紧紧相连,在绝境中生存。厚积薄发,到了四年级,从各项集体比赛到运动会、经典诗歌朗诵、全市现场作文比赛、校园文化艺术节、大队部红领巾监督岗流动红旗争夺,乃至我所任教的语文学科的成绩,"红苹果班"全面开花,一下子跃为年级第一。

我明白了,岁月是一个沉淀的过程:有一些事情短时间内可能让人看不清楚,做了,就犹如春雨点点入土,终有一天会被看见。

教育是一门慢的艺术。我不妥协、不放弃,让教室里的每个孩子在丰富的课程里,在有效的策略里浸润,渐渐地从平庸到优秀乃至卓越。我们的班级,也就渐渐成为优秀甚至卓越的班级。

从这个意义上说,我真的要谢谢"红苹果班"的孩子们,在4年的时间里,他们给了我勇气和力量,让我在前行的道路上毫不畏惧、勇往直前。

美国著名人际关系学大师戴尔·卡耐基(Dale Carnegie,1888—1955)说,幸福并不取决于你是谁或你拥有什么,而完全取决于你怎么想。在曾经耕耘的教室里,我肆意挥洒汗水,努力陪着孩子们,一起学做最好的自己。

感谢北京师范大学的刘儒德教授。本书中收录的30多个心理效应借鉴了他的《教育中的心理效应》一书。那两年,此书一直置于我的案头,迷茫、徘徊时,我会细细地品味,用科学的心理学知识去解决一些现实问题。没想到,有一天,这本书居然会成为我构思书稿的一个源头,提升了《打造小学卓越班级的38个策略》的理论依据。原来,我这样实践,这样探索,是有科学依据的呀! 38个所谓的"策略",大抵是我带"红苹果班"4年艰难摸索的痕迹,也夹杂着我带"红日班""诗翔班""小水滴班""鸿鹄班"的一些实践与探索。

感谢我的老朋友——"万千教育"编辑部的吴红主任。他慧眼识珠,在我羽翼尚未丰满时,为我出版了3本书。《小学班主任的78个临场应变技巧》,直到今天仍是畅销书,也是年轻班主任参加班主任基本功大赛的必备参考书。《小学班主任与家长沟通之道——心与心的交流》，是我与家长沟通、家校合作新样态的呈现，得到了读者的一致好评。而《打造小学卓越班级的38个策略》，对于打造一个优秀的班集体，具有更强的操作性和借鉴意义。感谢吴红主任对我的鼓励和呵护，他是我生命中的贵人。本书得以再版，再次向他表示诚挚的谢意。

感谢进入我的书稿的每一个孩子、每一位家长。没有你们，我的教育策略纯属空中楼阁。

感谢一直关心我的领导、同事和朋友们。没有你们对我的培养和帮助，也就没有现在的我。

此书第一版出版时，小儿琅琅3周岁大，那时的他活泼好动，非常可爱。当初我整理书稿时，每天需等到他睡觉，夜深人静之际，才能打开电脑敲击键盘。

星光不负赶路人，幸福是奋斗出来的。

整整10年过去了，琅琅已是一位积极向上、追逐梦想的优秀小学毕业生了，他通过竞选荣获了"十佳风雅少年"的称号，给他的小学生涯画上一个美好的句号。

作为母亲，我也没有沉浸在小圆满中，停止前行的脚步。这几年我被评为"全国优秀教师""浙江省德育特级教师"，获得了正高级教师职称……

蓦然回首，发现我和他都没有虚度时光。

愿与他继续前进，不断遇见更优秀的自己！

许丹红
2022年5月18日

第一版前言

理想？无奈？追求？……我已经忘记了当年报考中等师范学校的缘由。20世纪80年代末期，小学连同两年初中，我都是在浙江省一所偏僻简陋的乡村小学度过（注：初中教学点就设在此村小）。从没见过世面的我，最大的理想就是跳出农门。就读中等师范学校，是当时农村尖子生跃出农门的一条捷径。

平凡如我。作为一位普通的中等生，我不是班干部，也不是学生会干部，没有拿过奖学金，只是浙江省平湖师范学校1988级288名学生中的普通一员。

毕业那年，按照新师范生必须下乡锻炼的新政策，我被分配到曾就读7年的村小。重新走进那所曾给了我美好时光的村小，见到熟悉的老师，看着那黯淡和残破的青砖蓝瓦，我心里有说不出的复杂滋味：怅惘？孤独？寂寞？失落？迷茫？

所幸，这一切的不安与失落，被初为人师的激情与理想感染。从师范学校老师推荐买的《愉快教育法》《李吉林的情境教学》等几本书中，我寻觅着教育的方法：白天，教书、批改作业、带学生做游戏、辅导后进生，与孩子们一起欢笑、一起编织理想；晚上，在昏黄的灯光下，我伏案精心准备第二天的教案，努力地挖掘教材中的快乐因素……

回想往昔，历历在目，恍如昨日。

当我以为师者身份站在教室里，融入孩子们之中的时候，无论身居简陋的乡村小学、中心小学、城郊接合部小学、百年老校、海派学校抑或省城小学，我的鼻端都时时闻到新鲜的泥土的芬芳，让我想起很小的时候，跟随爸爸妈妈去田间播种、锄草、摘菊花、采桑叶，任凭汗珠顺着脸颊往下淌，腰酸背痛、无比劳累之余，泥土的芳香和青草的气息让我有一种收获和劳作后的愉悦与舒畅。

给我一个班级，时时闻到泥土的芳香，我就心满意足了。我一直默默守着自己的班级，默默劳作，颇有所得，我教的班级成了家长争抢的班级。

2004年10月2日，于我而言，是一个值得纪念的日子。就在这一天，刚从农村小学来到市属学校的我，拥有了电脑和网络。从跌跌撞撞进入"教育在线"，接触到新教育实验的那一刻起，我的教育生命掀开了新的一页。

犹太经典《塔木德》里说：和狼生活在一起，你只能学会嚎叫；而和那些优秀的人接触，你就会受到良好的影响。你交往的人就是你的未来！在"教育在线"，我接触了一大批优秀的教师，从他们身上汲取前进的勇气和力量。我沉睡的教育生命开始觉醒，我那么迫切地希望自己读书，读经典，我开始逼迫自己大量地背诵古诗词，我读《苏霍姆林斯基全集》，读孔子，读赞科夫，读陶行知……专门进行教育教学方面的写作。读书、思考、写作、实践、反思、记录成了我教育生活的主旋律。

在著名德育特级教师张万祥老师的鼓励下，我开始潜心于班主任工作。我在孩子们脆弱、纤细的心灵上种花，做诗意、阳光的心灵种花者，全心打造卓越班级。

我理想中的卓越班级，散发着温润的气息。窗明几净，欢声笑语。墙壁、门、中队角、黑板报、书架……平凡的事物，却有着与众不同、独具匠心的构思，如施了魔法的城堡，有着独特的韵味。这样的班级，如家一般温馨。

我理想中的卓越班级，透露着严谨的气息。每一个孩子都是班级的主人，日常琐事、班务管理，不必班主任亲力亲为。班主任从容地在幕后指挥，而绝非"监察"。这样的班级，如军队一般严谨和有条理。

我理想中的卓越班级，充盈着信任的感觉。班主任与家长之间心有灵犀，为了一个共同的目标——孩子更好地成长而携手共进。这样的班级，如大自然一般迷人和亲切。

我理想中的卓越班级，飘舞着诗意的花絮。有班名、班诗等温情元素点缀，有创意的鼓励丰盈孩子们的精神、唤醒他们的潜能，每一个日子都如诗一般美丽。这样的班级，如鲜花一般清丽和馥郁。

我理想中的卓越班级，跳跃着欢快的音符。活动丰富，表情丰富，精心策划每一个节日、每一次活动，班主任努力搭建舞台，竭力让每一个孩子都能成为快乐的中心。这样的班级，如圆舞曲一般欢快和向上。

我理想中的卓越班级，飘洒着尊重的雨丝。班主任能虔诚地呵护那些折断翅膀的"非常孩子"，温柔地触摸他们的灵魂，温暖他们孤寂的内心，帮助他们学会飞翔。这样的班级，如春雨一般滋润和温暖。

我遂进行有系统、有条理的班级研究和班级课程开发——

从最初的创建班名、创作班歌开始，到系统地打造班级精神文化，班级文化成了我班主任工作的一张金名片；从最初的发喜报到每半个月给家长写信，我想尽一切办法提高家长的家庭教育素养，于是，学校第一次收到了家长写来的匿名表扬信，我的办公室里挂上了家长亲手送来的"爱岗敬业　无私奉献"的锦旗；从外在环境布置，到内在精神引领，我对"非常孩子"进行拉、帮、扶，班级课程精彩纷呈，家校息息相通……

通过不断的努力，我所带领的"红日班""红苹果班"，乃至刚接手的"小水滴班"，渐渐地拥有了我向往的"卓越班级"的气息。

我行动着，记录着，反思着，实践着，不是为了某一天结集发表或出版，只是为了引领孩子们穿越一段段美好的岁月，只是为了给自己每天的教育生活寻找快乐和智慧的源泉，只是为了在自己的班级闻到泥土的芳香。

于是，我心平气和，不抱怨，不浮躁，像一个农夫，静静地抵挡风雨，侍弄着庄稼，将自己的生命写入其中。

我和我追逐的梦想，依然在激情地燃烧。

许丹红

2013年2月28日

目 录

第二版前言 ·· I
第一版前言 ·· V

第一章　卓越班级的教室布置艺术 ································· 1

　　策略1：拾掇明亮 ··· 2
　　　　【我的案例】一间浸透着我们汗水的教室 ············· 3
　　策略2：墙壁说话 ··· 8
　　　　【我的案例】让中队角不再是单调的摆设 ············· 9
　　　　【我的案例】给教室的前后门以用武之地 ·············· 10
　　策略3：板报亮彩 ··· 12
　　　　【我的案例】新学年赠语——总有一场庆典等着你 ········· 14
　　策略4：小物点缀 ··· 16
　　　　【我的案例】给书架以生命的气息——白月亮书吧的故事 ······· 18
　　　　【我的案例】绿植管理员——让我们的教室充满生机 ········· 22

第二章　卓越班级的班务管理艺术 ································· 25

　　策略5：班务承包 ··· 26
　　　　【我的案例】"红日班"岗位包干责任制 ··············· 28
　　　　【我的案例】"小水滴班"卫生包干区划分 ············ 31

策略6：拯救男生 …………………………………………………… 34
　【我的案例】"小水滴班"优秀男生修炼秘诀 ………………… 40

策略7：建设基地 …………………………………………………… 42
　【我的案例】马厉害还是知了厉害 ……………………………… 43
　【我的案例】建立"安静根据地" ……………………………… 45

策略8：凝聚力量 …………………………………………………… 49
　【我的案例】选对了班长，就走对了路 ………………………… 50

策略9：合法"军队" ……………………………………………… 54
　【我的案例】成立"金刚罩团"，发挥正义力量的作用 ……… 56

策略10：独辟蹊径 …………………………………………………… 59
　【我的案例】越来越棒的孩子 …………………………………… 61
　【我的案例】班主任后援团组建记 ……………………………… 64

策略11：约法三章 …………………………………………………… 67
　【我的案例】签一份协议 ………………………………………… 69
　【我的案例】桐乡市中山路小学"红苹果班"班干部工作
　　　　　　　责任书 …………………………………………… 73

策略12：加设门槛 …………………………………………………… 74
　【我的案例】最后两排成香饽饽 ………………………………… 76

策略13：创意评语 …………………………………………………… 80
　【我的案例】写给一楠的"情书" ……………………………… 81
　【我的案例】我们爱这样的男孩——送给学超 ………………… 83
　【我的案例】开始闪金光——送给陈华 ………………………… 84

第三章 卓越班级的家校沟通艺术 ······87

- 策略14：开出新意 ······88
  - 【我的案例】北港小学"小水滴班"家长会流程安排 ······92
- 策略15：典型突围 ······94
  - 【我的案例】感动"红日班"首席好妈妈 ······96
  - 【我的案例】给家长的一封信——"红日班"两大楷模家长 ······99
- 策略16：开沟挖渠 ······102
- 策略17：融入其中 ······107
  - 【我的案例】大手拉小手——9月表彰会 ······112
- 策略18：隐性投资 ······115
  - 【我的案例】节日孝文化，家庭乐开怀 ······119
- 策略19：给力父爱 ······120
  - 【我的案例】评选"感动班级十大好爸爸" ······124
- 策略20：单纯曝光 ······125
  - 【我的案例】烈日下的磨炼 ······129

第四章 卓越班级的精神引领艺术 ······131

- 策略21：阳光标签 ······132
  - 【我的案例】给自己的班级起名 ······134
- 策略22：润物无声 ······141
  - 【我的案例】红日闪闪，光芒起 ······145
- 策略23：点燃火花 ······147
  - 【我的案例】开辟魅力舞台——宣传栏的巧妙运用 ······149
- 策略24：首因折射 ······151
  - 【我的案例】开学第一天，蹚进一条美美的诗意之河 ······154

策略25：戴上光环 ··· 159
　【我的案例】每一个人都是很棒的 ································· 160
　【我的案例】师心贺新年 ··· 162
策略26：花树瀑布 ··· 166
策略27：赋予专称 ··· 172
　【我的案例】生命的庆典——子涵公主日 ··························· 173
策略28：迎插班生 ··· 177
　【我的案例】给插班生热情洋溢的欢迎辞 ··························· 179
策略29：创意强化 ··· 182
策略30：无痕"框架" ··· 186
　【我的案例】书桌在哭泣 ··· 189

第五章　卓越班级的活动艺术 ·· 193
策略31：借力榜样 ··· 194
　【我的案例】周杰伦——我向你学什么 ····························· 195
策略32：鸿雁传情 ··· 199
　【我的案例】远方，有一群人 ····································· 201
策略33：隆重节庆 ··· 203
　【我的案例】让鲜花和卡片搭建起与科任老师心灵的桥梁 ············· 204
　【我的案例】阅读节开幕了 ······································· 207
策略34：砥砺中等 ··· 210
　【我的案例】"小水滴班"2012年第二学期班队活动计划表 ············ 212

第六章　卓越教师的"非常孩子"转化艺术 ································ 215

策略35：温暖触摸 ·· 216
【我的案例】灰尘把金子的亮光遮住了 ································ 218
【我的案例】没有朋友的孩子 ·· 219

策略36：踏小步子 ·· 221
【我的案例】迈着小步子前进 ·· 223

策略37：群体取暖 ·· 227
【我的案例】"飞天侠女团"诞生记 ·· 230

策略38：延迟满足 ·· 233
【我的案例】喜欢拿别人东西的孩子 ···································· 235

参考文献 ·· 241

第一章 卓越班级的教室布置艺术

一个卓越班级，
必定是一个整洁、温馨、和谐的班级，
窗明几净，欢声笑语。
卓越班级的教室布置，
第一要素为整洁、温馨、和谐，
第二要素为与众不同、独具匠心。
墙壁、门、中队角、黑板报、书架……
平凡的事物，
加入班主任的精心构思，
这样的教室，
就别有韵味
……

策略1：拾掇明亮

> **心理学上的"破窗理论"**
>
> 如果一栋房子的一扇窗户破了，没有人去修补，那么时隔不久，其他的窗户也会莫名其妙地被人打破；如果一面墙上出现一些涂鸦没有被清洗，那么墙上很快就会布满乱七八糟、不堪入目的东西；在一个很干净的地方，人们不好意思丢垃圾，但是一旦地上有垃圾出现，人们就会毫不犹豫地在此丢垃圾，并丝毫不觉得羞愧。

一间干净、明亮、整洁的教室，是卓越班级首先应该具备的。

一、学期初的彻底大扫除

把教室拾掇得干净、明亮、整洁，这是打造卓越班级最关键的一步。班主任接手新班，无论遇到的是破旧、脏乱的教室，还是没有启用过的教室，首先要做的都是把它收拾干净：把玻璃窗擦拭得一尘不染，将墙壁上原有的张贴物小心地撕掉，努力不留一点痕迹。在条件艰苦的地区，如果墙壁实在残破，班主任也可发动家长一起买来涂料把墙壁粉刷一遍。涂料并不贵，粉刷一间教室其实也花不了多少钱。可用拖把仔细地拖地面，上面撒一点洗衣粉，用力拖几遍后，地面会光亮照人。电风扇、电视机、日光灯等配套设施也要擦拭一遍，使之光洁如新。

每一次接手新教室，我都会想办法把旧颜变新貌，用自己和同伴的劳动使教室变得干净、明亮、整洁。良好的开端是成功的一半，我认为这样做很有价值和意义。

【我的案例】

一间浸透着我们汗水的教室

2020年暑假，我接到调令，来到浙江省桐乡市尚阳小学，担任一年级某班的班主任。小卓，是一位"90后"美女老师，刚从乡下的小学调过来，将与我合作，做我班的副班主任。她有3年的教龄，虽然年轻，但工作勤勤恳恳。

我们班的教室在三楼办公室的边上，是还没有启用过的新教室，地面是灰色的类似绒布的地坪，淡黄色的书桌，灰色的桌腿，灰色的高背椅子，和谐漂亮。我用手轻轻一抹，手上就沾满了灰尘。

小卓很主动，问我什么时候开始搞教室卫生。前一天下午我们整个年级组刚刚合作，把存放于一楼的书本移到三楼的教室门口，靠双手抱，真是个力气活儿。

休息了一个晚上之后，我们的气力稍微恢复了一些。我和小卓商定，上午搞教室卫生，下午发书。找不到孩子和家长帮忙，就只能我们两个人干了。

我们根据班级人数和桌椅的高低，按照前低后高的原则排列了一下桌椅。由于防疫需要，我们采取单人单桌的排列方法，40人的教室里排了7排。靠门边的第一排和北面靠窗户的一排各少放一张书桌。我们把使用时会摇晃的、不稳当的书桌搬到走廊上，留待校工修理和调整，把多余的桌椅搬到空教室里。我们先用拖把把教室的地面拖干净。然后，小卓负责擦拭玻璃窗，我则负责桌面和椅子的清洁。每一张书桌和每一把椅子，我都认真擦过，不留一点灰尘，连抽屉也不放过。年轻人干活麻利，小卓擦干净玻璃窗后，又开始抹整理柜上的灰尘。

花了近3小时，我们终于把教室打扫得一尘不染。

吃完午饭，短暂休息之后，我们就开始往每张书桌上发书本。教室外面的长椅上堆满了要发放的书本，我们俩各自负责发送一套，若少几本，就记录在黑板上。

我们一样一样地发着，按照顺序把它们放在每张书桌的右边角上。等22种书本全部发好后，我把所有书本的名称写在黑板上，两人再分头整理，按照书本的大小整齐叠放，把字典和数学卡片放在最上面。

将全部书本发放和整理好，又花了整整2小时。

我们欣赏着一天的劳动成果，很开心。在明亮、宽敞的教室里，一排排整齐的书桌、一本本崭新的书本，似乎在张开双臂，高兴地等待着孩子们的到来。

这是一间浸透着我们汗水的教室，我们对它的感情自然不言而喻。

相信班主任对上述场景都不会陌生。破窗理论告诉我们，当我们努力把教室拾掇得明亮、整洁之后，孩子们会更愿意维护和保持这样的环境。

二、书桌摆放至关重要

再干净的教室里，若书桌排列无序，身处其中，也会感觉大煞风景。

如何把教室里的书桌摆放整齐呢？这需要班主任动一番脑筋。

我采取了以下做法。

1. 设置"桌椅整理员"

桌椅整理员，是我班一个非常重要的岗位。其任务就是每天早晨、中午专门负责对书桌，或者提醒就座的孩子把书桌和椅子对整齐。

2. 寻找参照物

把书桌对整齐，并不是一件容易的事情，最好的办法就是让孩子们以教室里花岗岩地砖的经纬线或者窗户上的墙砖作为参照物来对齐，沿着参照物摆放，桌椅自然就会整齐。

有一年，我们刚搬到504教室，班上总共53个学生，27张书桌，分为四列，最南面靠窗的第一列为6张书桌，另三列都为7张书桌。怎么对齐呢？我动起了脑筋，第一列和第四列紧贴墙壁摆，竖着看不是整齐如一条线吗？横着看，如何做到也整齐如一条线呢？我看到地面上的花岗岩地砖有一条条整齐的经线和纬线。每一列书桌的前面照着纬线来摆。中间的两列书桌，每一列确定一条经线为书桌边沿的摆放标准，不就对齐了吗？我专门找时间告诉全班孩子如何对准四列书桌，重点指导桌椅整理员。如此一来，四列书桌如列好队的士兵一般整整齐齐。

若教室里实在没有经纬线可以参照，班主任可以买一些防水不干胶圆点贴或者用美工笔来定一下点，这样学生很快就能找准点位，快速对齐书桌。

三、保持教室整洁

让教室的角角落落每时每刻都保持干净，没有果皮纸屑，更需要班主任动些脑筋。

我采取了卫生承包责任制，每个地方都有专人承包。每天分早晨、中午两次清扫，再由我班的"环保局长"检查，及时监督，根据工作量来确定"劳动所得分"，评选星级少年等奖项时将优先考虑得分多的孩子。对于得分最靠后的10个孩子，将取消其评选先进的资格。这样孩子们的积极性大大提高了。

四、垃圾分类我能行

现在全国都非常重视垃圾分类工作。我来到杭州后发现这边对垃圾分类的要求更高，经常会有教师或大队部人员到教室里检查。

我安排了三名卫生小干部，负责我班的垃圾分类工作，看到同学们不当投放垃圾后及时处理。每天下午三点半是垃圾投放时间，我们按照学校的要求，贴好班级名贴，到垃圾投放处让保洁阿姨检查分类后的垃圾并称重。

刚开始我每天都关注三名卫生小干部，对他们做得好的地方进行表扬，如果他们做得不好，我就指导他们该如何做。两周后三名卫生小干部就能出色地完成工作了！

五、把椅子推到书桌下

教室的干净整齐不仅与书桌相关，更与椅子的摆放密切相关。有的孩子离开座位时，椅子歪了斜了也不愿推好，天热时上面还堆放着脱下来的衣服。我平时要求孩子们，但凡离开座位半小时以上，包括去专用教室上课、去操场做操或放学回家，都必须把椅子推到书桌下，这一细节使整个教室看上去井井有条。

要培养这一习惯并不是容易的事。孩子们一开始总是忘记及时把椅子推到书桌下。第一周，我采取了温情提醒的方式，若有孩子忘了推椅子，我会让桌椅整理员记录下来并进行友善的提醒；第二周，我采取的方式是记名后公示，做点名批评；第三周，我要求记名后写150字的说明；第四周，我将推椅子与班级卫生悬赏分挂钩，在班级优化大师上发送扣分信息……一个月下来，孩子们养成了只要离开教室就把椅子推到书桌下的良好习惯。

六、把讲台收拾得一尘不染

讲台是教室的灵魂，若讲台上堆满了书本、粉笔头，满是灰尘，会给人一种凌乱之感。把讲台收拾干净至关重要。许多教室是这样的：杂物堆满讲台，桌面脏兮兮的，灰尘、粉笔灰没及时清理而污垢满台。

2021年9月，我来到了杭州未来科技城海辰小学。我们班的教室里没有专门的讲台，只有一个张较大的讲桌放在窗边，是供教师放作业本的。我从淘宝上购买了一个桌面整理柜和几个蓝色整理框，把孩子们的作业本放在整理柜上，把粉笔、灭蚊药膏和削笔器等杂物放在整理框里。

我每天安排两个孩子做讲台擦拭员，由他们全权负责讲台的卫生。每天早晨、中午整理讲台：用蘸有少许洗洁精的抹布擦讲台，讲台上不准堆放作业本和杂物，若有任课教师把作业本放在讲台上，请讲台擦拭员一下课就把作业本放到桌面整理柜上。放粉笔的盒子每天也要清理两次，没用的粉笔头要及时扔到垃圾桶里。

七、卫生工具摆放整齐

现在的新教室大多设计合理，有专门放卫生工具的柜子。拖把可以放在卫生间里的拖把槽中，不用放在教室里，这是最理想的情况。比如，在我教了一年的桐乡尚阳小学，教室的设计就很合理。这些都不需要班主任操心。

而在我任教的海辰小学，教室里没有放卫生工具的柜子，卫生间里也没有可以放拖把的拖把槽。怎么办呢？我们班的家委会专门从网上购买了卫生工具整理架，把拖把和扫帚夹起来，把抹布挂在整理架的钩子上，把畚箕叠放在边上，把其他洁具整齐地放在整理架里面。这样看上去不致显得凌乱。

在干净、明亮、整洁的教室里，师生都会感到心情舒畅。

策略2：墙壁说话

心理学上的"暗示效应"

有这么一个故事：

在第二次世界大战期间，一个盟军士兵被德国纳粹逮捕，敌人在暗室里用刀划伤了他的手臂，他听到"滴答滴答"的声音，好像鲜血一滴一滴地从伤口流出来。不久，这个盟军士兵就死了。其实，那"滴答滴答"的声音只不过是敌人打开自来水管的滴水声，而他手臂上的伤口根本不足以造成死亡。

我国古代有草木皆兵、杯弓蛇影的故事，和那个盟军士兵的死亡一样，都是环境暗示造成的消极结果。

环境暗示在孩子们的日常生活中也发挥着重要作用。在环境洁净、优雅的场所，会有大声喧哗或乱扔纸屑的人吗？恐怕很少。相反，在脏乱不堪的环境里，你是否会为扔一片纸屑而走向离你几步之遥的垃圾桶？

暗示效应就是用含蓄的、间接的方式对别人的心理和行为施加影响，从而使被暗示者不自觉地按照暗示者的意愿行动。

根据心理学的暗示效应，在教室的布置上，合理地进行点缀和装饰会让整个教室显得格外温馨，这需要班主任的精心构思。

一、中队角设置要有独特的班味

独特的班味是什么呢？是班级的核心精神，是班级独有的气息。中队角的布置可与班名吻合，若能加上班主任的精心构思，会传递给学生魔法般的鼓励。

我带"红日班"的时候，中队角被设计成一轮光芒四射的太阳。"红苹果班"的中队角则被设计成一棵丰收的苹果树，上面挂满50个红苹果，每一个红苹果上贴一张孩子的照片，这大大调动了低年级孩子的学习积极性。在"小水滴班"的中队角，张贴"中队角"三个字的彩纸是小水滴的形状。"鸿鹄班"的中队角被设计成两只展翅欲飞的小鸿鹄……这样的教室里弥漫着温馨、诗意、温润的气息，张扬着孩子们的个性。

【我的案例】

让中队角不再是单调的摆设

看着雪白的墙壁，我一直在思考：如何装点我们的中队角呢？如果像通常那样弄个红领巾的角，再在上面写上"中队角"三个字，也太没有创意了。我班叫"红日班"，中队角的设计应该与班名吻合啊……晚上回到家，我打开笔记本电脑，在网络上搜索"中队角"这三个字。我下载了6张图片，细细观摩，同时思考，拿着笔不停地在纸上画啊画，红日中队嘛，该有一轮太阳，红日喷薄，光芒万丈，该有几道耀眼的光芒。

第二天，我拿着自己的设计稿请美术老师征清指导，她夸我设计得不错，我不免乐滋滋的。

在征清的指点下，袁佳、志宏、伊凡、凯洁、媛媛几个孩子帮忙，有的涂色，有的剪，只用了一节课的时间，中队角已经初具规模了，最后进行扫尾工作——张贴照片。

一轮红日喷薄而出，几道金灿灿的光芒象征着无限的希望和力量，9月优胜组的照片展示，月度优秀学生的照片展示，这样的中队角有着生命的气息，且与每月的小组比赛结合，有效地发挥了凝聚人心与育人的双重作用。还有什么比这更有意义的呢？

二、巧用教室前后门

每个班级的教室都有两扇门——前门和后门。合理利用这两扇门，让这两扇门成为孩子们搭建舞台的好场地，是一件有趣的事情。我曾经把"红日班"班级形象大使的照片张贴在教室的门外，这获得了孩子们和家长们的好评。我曾经在教室前门的背面开辟"进步榜"，把进步孩子的照片贴在上面；在教室的后门背面开设"益智园"，把班级订阅的报刊挂在上面，吸引孩子们去阅读……

【我的案例】

给教室的前后门以用武之地

咦，教室的前后两扇门用来干什么可以最大限度地利用空间呢？

我们班最近在评选进步最大的孩子，婴毅、博楷、小柯……这些原本平常，甚至曾经令同学不安、老师头疼的孩子，因为自身的努力和家长有效的督促，更因为我的鼓励，宛如蒙尘的金子一般渐渐发出了光亮。

如何给这些孩子最大的鼓励呢？我不停地思考。哎呀，有了！可以在前门的背面开辟"进步榜"，把这些孩子的照片贴上去！上课的时候关上门，班上的孩子一抬头一斜眼就可以看到这些照片，是一个很好的暗示。朱永新教授在论述教育定律时说："说你行，你就行，不行也行；说你不行，你就不行，行也不行。"暗示有着神奇的力量，可以成为为师者的一根魔棒。

我告诉这些有进步的孩子，双休日去拍一张红色背景的5寸照片，照片会贴在教室门后，以示表扬。孩子们听了，一个个咧开了嘴巴，笑脸如花。我又通过QQ群发信息，隆重表扬这些孩子。我有相机，但我故意不为这些孩子拍照，不是要麻烦家长，而是想让家长也能享受孩子进步的喜悦。我完全可以想象，家长带着原本令人头疼的孩子去拍照时那一路的欢欣。好的教育是什么？就是给人以无限的憧憬和希望。

周一，照片按时交上来了，我让学习委员祝好认真张贴。一张张可爱的笑脸每天笑意盈盈地朝我们看。每每看到这些照片，一股暖流便汩汩流淌在我心间。我还留意到，上榜的孩子会时常过来看看，没上榜的孩子也会不经意地来瞧瞧，神情中充满了艳羡和神往。我告诉孩子们，只要你努力，只要你有进步，你也可以把照片贴上去。

照片在不断地添加……这里成了一块充满希望的地方，更是"小水滴班"一道亮丽别致的风景。不管哪位老师或家长来了，都会驻足欣赏……

教室的后门也是一个可以开垦的好地方：在这里，我设置了"益智园"。我贴了4个小挂钩，量好间距，均匀分布。每天安排一名管理员，把班级里订阅的报刊认真整理好，分门别类挂好。这些报刊吸引着孩子们前来……

三、教室内外开辟"美好长廊"

在教室四周的墙上还可张贴励志标语或孩子们的书画作品，教室走廊的外墙或教室内后墙壁的瓷砖上可悬挂一些照片，作为"美好长廊"。我从淘宝网上购买了一些布置走廊、教室的板贴，定期把班级活动的照片贴在墙上，以引发大家美好的回忆，从而激发孩子们对班级的热爱之情。

一年来，尚阳小学"鸿鹄班"开展了丰富多彩的活动：班级大合唱获得第一名；在英语风情节上，爸爸们来到我们班跳起了亲子舞蹈；全班开展了模拟长征的红色远足……我把这些活动的照片一一冲印出来，在教室外面的玻璃窗两边悬挂两个无痕挂钩，拉好两根绳子，用夹子夹上照片挂在绳子上，并用买来的彩色点缀物拼出"美好岁月"四个彩色的大字。孩子们一下课就会跑过来观看，流连忘返。

让每一面墙壁都"说话"，让班级里充满积极暗示的力量，这些做法唤醒了孩子们内心向上的欲望，激励着他们不断进步。

策略3：板报亮彩

心理学上的"南风效应"

法国作家拉封丹（Jean de la Fontaine，1621—1695）曾写过这么一则寓言：

南风和北风比威力，看谁能把行人身上的大衣脱掉。北风首先发威，一上来就拼命刮，凛凛寒风刺骨，结果行人为了抵御北风的侵袭，把大衣越裹越紧；南风则徐徐吹动，顿时风和日丽，行人觉得温暖，始而解衣敞怀，继而脱掉大衣，南风获得了胜利。

南风之所以能达到目的，就是因为它顺应了人的内在需要，使人的行为成为自觉。由启发自我反省、满足自我需要而产生的心理反应，被称为南风效应。

教室后面的黑板，是可以供班主任施展才华的舞台。用好这块"园地"，它不但能起到育人育心的作用，还能成为学生施展才华的好地方。

一、分组比赛

学期一开始，我把孩子们分成若干组，每组由前后桌组成，一般有4个孩子，选好组长，按照学生的特长落实分工，主要分为设计、编辑、美工和书写四个岗位。我先设计好一张表，安排好黑板报的周次和出黑板报的人员及内容，逢双周出板报，要求在双周周二下午把黑板擦干净，周三一天出好黑板报，周四中午进行评比：每组轮流选派一位组员打分，去掉最高分、最低分，算出得分。出板报时，无论是什么主题，都必须有一篇文章点评上一期的黑板报。这样，班上的孩子们对黑板报上文字的关注度明显提升。出黑板报变成了全员参与的事情，而不再是个别优等生的专利。

二、图片为主，文字为辅

通过摸索和实践，我们发现用水粉颜料美化版面，设计会更显眼，以图片为主，以文字为辅，能使人赏心悦目。因为引入了竞争机制，每学期才轮到一次，同学们的积极性很高，生怕自己小组出的黑板报被后面的小组超越。每一组都尽心尽力，全力以赴。来参观的老师和学生都对我们班的黑板报有很好的印象。

三、内容富有发展性

黑板报的内容要具有时效性、发展性、针对性。安全教育、心理健康知识、国庆专辑、迎新年、学雷锋树新风、学期初送上老师的殷殷祝福等,内容丰富的黑板报吸引了全班孩子的视线。

四、墙报应有学生作品

现在的班级教室后面的黑板,大多改成了木板墙报。用长钉钉一下,更换非常方便。二年级以上,可以鼓励孩子们分工合作,定时更换。

墙报要及时更换,最长一月一更换,最好是两周一更换。可以张贴孩子们的优秀习作、美术作品、书法作品、手工制作等,孩子们看到自己的作品张贴出来会非常开心。

倘若学校德育处有要求的比赛主题,那么这一期班主任可以和孩子们一起精心设计。

【我的案例】

新学年赠语——总有一场庆典等着你

学期初,我把教室拾掇整洁后,看到后面的黑板上依然是上学期的"祝暑假乐悠悠"字样。可以在上面写点什么呢?我开始了思考。咦,犟龟陶陶不是孩子们最爱的形象吗?何不以此为题,在黑板上写一段新学年赠语,让孩子们在踏进明亮教室的那一刻就内心澎湃?

我酝酿、构思,于是,下面的文字便从笔下流淌而出:

初秋炙热的太阳挡不住前行的脚步,轻轻地,不经意地,我们已经迈入了六年级的门槛。这将是一段多么值得吟唱的旅程。我们的眉宇间,日渐消退童年的稚气,笑颜在求索中丰盈。背负着行囊,我们意气风发地走着,勇敢,执着,毫不犹豫。

还记得犟龟陶陶吗?为了心底的愿望、远方的邀请,他不停地爬着，爬着。蜘蛛也好，壁虎也罢，蜗牛也罢，任凭谁都不能阻挡他前进的步伐，无论谁都无法动摇他前进的信念。那是何等令人钦佩的坚持？……每每想到陶陶，你的心底是否有所触动？

只要上路，就不会落空，只要不停地走，总有一场庆典，在不远处等待着你！

让我们勇敢地上路吧——

请谁来出开学后的第一次黑板报呢？我想到了上学期的黑板报金牌获得者姜伊凡组。让金牌组成员义务来出第一期黑板报，会是一件很有意义的事情。

我拨通了伊凡妈妈的电话，告诉她我的意思。伊凡妈妈非常支持，说这几天孩子在家反正没事，为班级做事，对孩子来说也是一种荣耀。我让伊凡负责通知另三位组员，找个时间，来学校出新学期的首期不评奖的黑板报。

第二天，四个孩子如约而至。

伶俐可爱的袁佳设计版面，字迹秀丽的汪晨板书，伊凡编辑，擅长画画的秋阳为美工。我把那段新学年赠语打印出来交给他们。

过了大约一个半小时，袁佳来告诉我，黑板报出好了。

我来到教室一看，多么干净、漂亮的一期板报啊：心形的花边点缀，报头是一位长鬈发的女教师捧着一本书，孩子们告诉我，这位女教师代表着许老师。里面的文字，就是我送给全班孩子的那段话，题为"总有一场庆典等着你"……

我买来四根雪糕作为奖励。边吃雪糕边聊暑假趣闻，真乃一大乐事。

报到第一天，班里的孩子都围在黑板报前观看。

我对孩子们说："新的学年到了，我把这一段文字送给大家，也送给我自己，下面让我们一起吟诵吧！'初秋炙热的太阳挡不住前行的脚步，轻轻地，不经意地，我们已经迈入了六年级的门槛。这将是一段多么值得吟唱的旅程……'"

开学第一天,让阔别了两个月之久的孩子们一踏进教室就能看到漂亮的黑板报,送出班主任的新学年寄语,那一份感动将长驻孩子们的心田。

合理利用教室的后墙黑板报能调动每一个孩子的才华,诚如刘铁芳教授所说的,好的老师、好的学校,要做的一个关键词为"搭桥"。出黑板报,为孩子们编辑、美术、书写的才华铺路搭桥。这样,出黑板报不再是要应付的苦差事,而变成了一件幸福的事。

策略4:小物点缀

心理学上的"依恋心理"

婴孩对母亲的情感依恋一直是心理学家感兴趣的问题。针对这个问题,心理学家们进行了相当多的实验,不过,这些实验不能在人身上做,只能在动物身上进行,这使实验的说服力打了折扣,但是对我们依然很有启发。

美国心理学家哈利·F. 哈洛(Harry F. Harlow, 1905—1981)等人设计了一个实验,研究幼小的猴子对母亲的依恋。他制作了两种假的猴妈妈。一种假妈妈是用铁丝编成的,另一种是先做一个母猴模型,之后给模型套上松软的海绵状橡皮和长毛绒布。实验的时候,把它们和刚刚出生的小猴放进一个笼子里,观察小猴究竟喜欢铁丝妈妈和还是布妈妈。

一个有趣的现象出现了。如果铁丝妈妈身上没有奶瓶,而布妈妈身上

> 有，小猴很快就和布妈妈难舍难分；即使奶瓶是放在铁丝妈妈的身上，小猴也并不愿意在铁丝妈妈身上多待，只在感觉饿了时才跑去吃奶，其余时间都依偎在布妈妈的怀里。哈洛等人解释为，小猴对母猴的依恋并不只是因为母猴能给它喂奶，更重要的原因是母猴能给小猴带来柔和的感觉。

同样的道理，倘若班级增加一些柔软的物件，给班上的"小猴们"安全感和满足感，那么班级的"布妈妈特征"就更为显著，"小猴们"一定会对班级更加喜欢、更加依恋。

一、配置一个温馨的图书角

没有一艘船能像一本书那样把人载往远方。书，是人类进步的阶梯。一个卓越的班级，必定是一个热爱书籍、热爱阅读的班级。每接一个班，我都会让家委会为班级置备一个书架，去淘宝网上买简单的书架即可，还可以是竹子或合成板做的，不需要多么昂贵，若保管得当，使用6年没有问题。

若教室比较小，可以购买一个旋转的圆角书架，这样不占地方。还可以把图书角移到走廊上，边上配几个五颜六色的小凳子。暖暖的午后，吃过午饭，孩子们就情不自禁地坐在书架边的小凳上，捧着书专注地阅读，根本不需要老师的命令，只是受环境的熏陶和影响。这是多么温馨而又美好啊！（关于图书角的布置，可参考下页图）

可以给图书角起一个生动有趣、含义深刻的名字，比如"三味书屋""黄金书吧""乐航书店"等。图书角的起名要与班级班风和学生的精神状态相关，能传递正能量。

【我的案例】

给书架以生命的气息——白月亮书吧的故事

亲爱的嫣然老师为了庆祝我的班级主题帖"总会遇见隆重的庆典"开张,根据我的网名"一轮月儿",送给我一首金子美铃的诗——《白天的月亮》。

像肥皂泡一样的

月亮啊,

仿佛风一吹,就会消失的

月亮啊。

这时候,

> 在遥远的异国，
>
> 正穿越沙漠的旅人，
>
> 一定在抱怨说，
>
> 路太黑，太黑啦。
>
> 白天的
>
> 白月亮啊，
>
> 你为什么不去照着他呢？

初读那一瞬间，没读出什么味儿，它一定别有含义吧？我一遍又一遍地吟诵，越品越觉口留余香。金子美铃的诗，适合晨诵，就拿来给我班的孩子们赏析吧。

男生读、女生读、范读、领读、引读……各种读之后，进入了最富有挑战性的"赏析"阶段。"孩子们，你们觉得金子美铃借这首诗想表达什么呢？"

孩子们你看看我，我看看你，愣在那里，没人举手。"没关系，好好地读一读，想一想吧。这白天的月亮指的是什么呢？"大概沉寂了一分钟之后，开始有小手举起来。

"嗯，我想这白天的月亮指的是太阳吧？"刘学超的回答吓了我一跳。"呵呵，因为我们是'红日班'，学超时刻想着是太阳啊。如此爱班，值得敬佩！"孩子们都抿着嘴笑了。

"好好读读，'这时候，在遥远的异国，正穿越沙漠的旅人，一定在抱怨说，路太黑，太黑啦。'想想，这旅人指的是什么呢？"我放慢了速度，提醒孩子们。

"在学习上会经历许多困难，只要你勇于攀登，就一定能取得胜利！"袁佳的回答再一次让我大吃一惊。

"袁佳不愧是我们'红日班'的学习标兵和楷模，口中眼中都是学习，令人感动哦。"我说道。袁佳笑着眨了眨眼,坐了下去。

教室里沉寂下来,孩子们抓耳挠腮。"别急,别急,你们想想,白天的月亮,能经常看见吗?'像肥皂泡一样的月亮啊,仿佛风一吹,就会消失的月亮啊。'"我轻轻地吟诵着第一小节。

"不常看见的。"孩子们在下面说。

"那就是大家平时比较缺乏的东西。生活中,不够明亮的东西。'在遥远的异国,正穿越沙漠的旅人,一定在抱怨说,路太黑,太黑啦。'旅人干吗要抱怨路太黑太黑呢?是因为什么呢?"我进一步引导。

"我觉得是旅人在沙漠中很艰难,困难很多。"陆志宏说。

"'白天的白月亮啊,你为什么不去照着他呢?'好好想想,就一定能体会出作者想要表达的意思。"

"我觉得白月亮指的是乐于助人,去帮助一切有困难的人。因为平常的生活中,这样的现象不是很多,像白天的白月亮那样少见。所以作者说,'白天的白月亮啊,你为什么不去照着他呢?'"朱润的话一出口,孩子们就恍然大悟。

"我也不太清楚金子美铃所要表达的真正意思,但我特别欣赏朱润的品读。赠人玫瑰,手留余香。希望我们都谨记这句话,做一轮永远照亮别人、温暖人心的白月亮。"

像肥皂泡一样的

月亮啊,

仿佛风一吹,就会消失的

月亮啊。

这时候,

在遥远的异国,

正穿越沙漠的旅人,

一定在抱怨说，

路太黑，太黑啦。

白天的

白月亮啊，

你为什么不去照着他呢？

601班的孩子们啊，

快去，快去，照耀他吧。

赋予了理解、赐予了灵气的诗歌，如一掬清澈的山泉，滋润着孩子们的心田；如一轮明亮的月亮，照亮了孩子们前行的方向。

"白天的白月亮啊……快去，快去，照耀他吧。"这句柔柔的话，似乎比很多句的"要乐于助人"更加悦耳动听。

也就从那时起，"白月亮书吧"在教室的一隅静静地聆听着属于我们的故事。

平平常常的图书角有了温馨别致的名字，与整个班级的精神文化息息相关，也激发了孩子们热爱书籍的美好情感。带班时，图书角的名字我都会精心构思。

置备了书架，书吧的名字也起了，剩下的就是书源问题了。

我要求每个孩子从家中带来两本课外书，贴上标签，编上号，登记好。一个班50个孩子就有了100本书。把书整齐地摆放在书架上，再配备四名图书管理员，制定好图书管理的细则，每到双周专挑一个中午的时间借阅图书并做好登记。一个班级简易图书馆就办了起来。平时中午时，想看就看，看了必须当天放好。两个月后，更换一批书。如此，一个学期下来，孩子们不用怎么去买书，就能看很多本书，已有的资源得到了很好的利用。

二、绿色植物点缀

为了让教室富有生机和活力,我通常会让孩子们自带一两盆植物到教室,要求这些植物易活易养,比如绿萝、吊兰等。这样在净化空气的同时,还会使整间教室充满浓浓的生机,有一种家的温馨。

需精心挑选几个负责任、有爱心的孩子当绿化管理员,让他们悉心照顾班上的绿色植物,并通过网络、书籍或向身边的人请教学习培植绿色植物的方法。这样可培养他们的爱心,让他们在为班级服务的同时找到自身的价值。

【我的案例】

绿植管理员——让我们的教室充满生机

苏联教育家苏霍姆林斯基说,只有孩子对所养的植物、动物付出过汗水,才可能在孩子的心中播下善良的种子。养植物、动物,对培养孩子的善良品质很有帮助。

"鸿鹄班"的孩子四年级时搬到了新教学楼里,家委会成员买来了若干盆绿植,用绿植来净化空气,去除甲醛。

这盆吊兰苍翠欲滴,长长的叶子低垂着,无限温柔地看着班上的孩子们;这盆绿萝可真是茂盛啊,叶子挨挨挤挤的,似乎争着去赶集;这盆蝴蝶兰宛如停着好几只展翅欲飞的花蝴蝶……一盆盆绿色植物装点着我们的教室,孩子们一下课就站在绿植旁边说着、笑着……

书架上放一盆吊兰,饮水机上吊一盆绿萝,讲台边淡紫的蝴蝶兰正在浅吟低笑……整间教室里洋溢着勃勃生机,也赢得了科任老师的称赞。

那么谁来负责管理呢?我不禁动起了脑筋。我们"鸿鹄班"能人很多,班干部职位也不够，要不，增加两位绿植委员，由他们负责照顾植物？

说干就干。竞选班干部时，我告诉孩子们：绿植委员也是两条杠，记得积极参与竞选哦！

从竞选班长、副班长、学习委员，一路下来，只剩下绿植委员和电教委员了，前面没竞选成功的洪翊和佳一上台了。

"我竞选的是绿植委员，我喜欢植物。若我能竞选上，我一定会好好管理，好好研究，争取让这些植物长得更好。"洪翊的口才很棒。

"我竞选的也是绿植委员，我会好好照顾植物。"佳一的竞选词言简意赅。

开始投票了，我让孩子们举手表决，没想到，两个人的票数一模一样，都是28票。好吧，那就开个双黄蛋，由他们共同担任我班的绿植委员。两个孩子喜滋滋地接过了两条杠。

孩子们每天精心地照料这些植物，出太阳的时候，把它们搬到走廊上晒；听说蚕粪好，洪翊就从外婆家拿了一些来，肥料一施，植物们葱郁了许多。有一盆绿萝的叶子耷拉着，佳一急了，赶紧去向爸爸妈妈请教，原来是水浇得太多了……在孩子们的悉心照料下，几盆植物生机盎然。

两位绿植委员兢兢业业地照料着我们班的植物，被光荣地评为"优秀学生干部"。

第二章
卓越班级的班务管理艺术

班主任的辛苦与劳累,
不言而喻,
班级日常琐事、班务管理,
卫生、纪律、班风浮躁、调皮孩子闹事……
让班主任们心力交瘁,不堪重荷。
卓越班级的班务管理,
并非班主任事必躬亲,
亲力亲为。
要学做会"偷懒"的班主任,
用智慧和方法杀出"重围",
引领孩子成为班级主人,
……

策略5：班务承包

心理学上的"关键期效应"

现代脑科学研究显示，人脑发育存在着关键期，在关键期内，脑结构和功能具有很强的适应和重组能力，易受环境和经验的影响。视觉系统的发育最能说明这个问题。研究发现，如果黑猩猩在出生后16个月内生活在黑暗中，那么它们的大脑视觉细胞将会萎缩，再到明亮的环境里也不能恢复，黑暗使它们永久失明；而先天白内障失明的婴儿，经过手术治疗可以获得视力。如果超过5岁再做手术，视觉皮层的脑细胞就会萎缩或转而从事其他工作，此时大脑已经失去辨认图像的能力，即使手术成功，视力也不能恢复了。

根据长期的观察和研究，心理学家还指出了其他一些心理现象的关键期。

感觉关键期：0—5岁，这时儿童不仅能有选择地注意周围的环境，而且开始建立并完善各种感觉功能；

秩序关键期：1—4岁，这时儿童能够理解事物的时间和空间关系并对事物进行分类；

细节关键期：1—2岁，这时儿童的注意力往往集中在事物的细节上；

行走关键期：1岁左右，这时似乎有一种不可抗拒的冲动驱使幼儿去行走；

语言关键期：8周至8岁，这时儿童对人的声音产生兴趣，然后对词产生兴趣，最后才对语言产生兴趣，并逐渐掌握复杂的人类语言。

一个卓越班级的打造也有关键期。

印象关键期：刚接班两周之内。这时全班孩子都高度关注班主任的言行。倘若班主任能给他们留下亲和的好印象，在以后的班级管理中就会事半功倍。

秩序关键期：刚接班4周，即1个月内。这时班风的建立至关重要。若1个月后班级依然乱糟糟的，以后的管理难度将增加。

细节关键期：接班两个月内。这时班主任应该着重打造一些细节，比如安排卫生工作以及设置班级事务的各级专职管理员等。

管理关键期：第一个学期。倘若班主任接班已一个学期，而班级仍毫无起色，班级事务仍处于手忙脚乱的应付中，班风还是浮躁，那么以后的带班难度将更大。

班主任接手新班，务必在第一个学期内在班务管理上多花一些心血和时间，抓住关键期，有序地训练全班学生，让孩子们都有事可做，激发每一个孩子的班级主人翁意识，这样，不但可培养每一个孩子的动手能力，还能让班主任从烦琐的班级事务管理中解放出来。

一、设置专职管理员

班主任忙吗？的确很忙，每天如陀螺一般转个不停，要担心班级卫生被扣分，操心某个孩子的红领巾没戴……曾经有一位朋友与我聊天，他说，据网上有人统计，一个班主任每天要处理的事务达30多件，简直比市长还要忙。我一听就笑了。

学会解放自己，把班级的各项事务分派到班上的每一个孩子身上，全力培养每一个孩子的能力，相信孩子们有能力管理班级，把班务承包出去，学做会"偷懒"的班主任，这是我带班的一贯追求。每次接班，我都是在第二周内,最迟在第三周内出台班级岗位包干责任制度,尽量把每一项事务都承包给班上的孩子,全面培养他们的自主管理能力。

【我的案例】

"红日班"岗位包干责任制

黑板清洁员:徐磊娟　汪晨

每天在黑板的一角板书轮流(按学号)擦黑板的学生名单,提醒同学们做好黑板的擦洗工作,放学后监督同学们做好黑板槽清洗工作。

午唱管理员:钱正芳　谈小英

每天指挥同学们午唱,遇到大喊大叫现象要及时制止。

眼保健操提醒员:戴朱瑛　杨孝阑

负责眼保健操的管理工作。

洗碗监督员:庄跃琪　陈华

负责监督洗碗时的节约用水和文明礼让行为。

课间秩序员:田家福　沈培杰

负责管理课间同学们的行为,制止不文明的做法,监督串班行为,避免伤害事故的发生。

午餐维护员:方历　朱佳睿

负责午餐时的小组顺序和纪律。

地面整洁维护员：**刘学超　王超杰**

负责监督地面清洁工作，及时提醒每位同学清洁自己的包干区，让地面每时每刻保持干净。

红领巾监督员：**刘越锋　夏芳芳**

负责检查每天的红领巾佩戴情况。

普通话督促员：**马洪佳　沈佳佳**

负责监督同学们在校用普通话交流，保持语言的文明。

教室守门员：**杨伟涛　姚凯洁**

负责每天放学后的门窗关闭和无人时电灯、电扇的关闭。

领队员：**朱玉强　王利超**

负责计算机课、体育课的整队，带同学们到指定的教室或地点。

桌椅提醒员：**戴坚强　石振涛**

负责每天课桌的整理和对齐。

小黑板抄写员：**陈超　许伟家**

负责小黑板的抄写词语工作。

张贴员：**钱伟燕　朱梦娇　施熠韬　卢秋阳**

负责教室各类纸头的张贴工作。

班级图书管理员：**陆冬丽**　汤婷　姚晓艳　徐晓红

负责班级图书的借阅和管理工作。

晨读监督员：**姜伊凡**　陈媛媛

负责每天的早读，搞好卫生后，立即带领全班同学进行各门功课的早读。

【注意事项】

（1）后面人员为候补人选、监督人和协助人，当第一责任人（楷体加粗的姓名）不能胜任工作时，由候补人选替换。

（2）请各责任人各司其职，努力做好工作。

上面是我带"红日班"时的岗位包干制的责任表，班级琐细的事务都被承包出去了。每一项事务安排两个孩子来负责，即后一个孩子为前一个孩子的监督人和协助人，当前者不能胜任时，后者将及时取代，被替换两次的学生，将被取消班级中各级各类评优资格，做得好的孩子会及时得到嘉奖。前两个月，我每周专挑班会课让责任人来总结自己履行职责的情况，阐述自己在执行过程中遇到的问题和困惑。苏霍姆林斯基说，要无限制地相信每一个孩子的潜力。两个月下来，大部分孩子工作认真出色，尽心尽职。若有少数孩子不配合，不认真做事情，也属正常。我们不要因极少数孩子的不认真而否定大部分孩子的认真与负责。班主任要做的就是逐步跟进，悉心指点。

二、卫生工作责任承包兼打分制

相信每一位班主任都很害怕班级卫生检查。学校大队部检查卫生很苛刻，地上只要有一片很小的纸屑，就会给出扣分单。现在的孩子，生活条件越来越好，动手能力却越来越差，不会打扫卫生，垃圾随意往抽屉里一放，掉到地上也不愿伸手去捡一捡。要应付学校大队部的检查，保持班级卫生，真的不是一件容易的事。

我每接一个班，都会把卫生工作承包出去。

【我的案例】

"小水滴班"卫生包干区划分

教室卫生、拖地：余功行　朱兆辉　吴迪　赵家纬

总负责：陆冰媛（教室卫生检查及确保黑板前的空地时刻保持干净）

走廊：张佳豪　朱希嘉

走廊瓷砖：傅诗怡　吴怡　沈冰瑜　沈艺吟

总负责：朱晗捷（走廊每一个角落都须检查，保持无灰尘）

前窗：钟陈宇　周晟榆（每周周一、周三擦两次，保持干净即可）

前门：胡高佳乐

后门：赵家纬

讲台：周易函

纯净水：张嘉希

纯净水饮水机、教室各个开关：陆晨霄

分发本子、电视机管理员:钱凌霄

总负责:祝好

专用教室(美术教室):朱圣锴　孙宇航　王柯　沈伊铖

总负责:徐一尘(每天打扫,检查)

包干区三楼到四楼:钱凌霄　陆晨霄　周易函　朱诗涵

总负责:朱雨婷(保证楼梯上没有垃圾)

分饭:陈奕铭　冉茂端

分菜:曹毅桢　俞淳楷

分汤:王乐航　李亦伦

(两天一轮,一人一天,轮到的人最后吃饭)

总负责:曹毅桢

擦黑板:按书桌轮流

电灯、电风扇开关:屠诗颖

前面黑板下瓷砖:杨晨　蒋蓓逸

后面黑板下瓷砖:徐禛　钱张萍

总负责:洪镏栾

书柜整理:诸奕成(保持书柜干净,每天用抹布擦拭)

卫生角、装垃圾、倒垃圾:王曌毅

整理桌椅:王喆侃

放学后检查教室卫生:黄驰昊

抽屉卫生：向宏韬

负责人：陆珍妮

【备注】

每天分早晨、中午两次打扫，要讲究效率，一般在5分钟之内完成。放学后，把椅子推进书桌整齐地放好。每人都负责自己的抽屉卫生和座位周围的地面整洁。

10年前，我从桐乡市中山路小学调到北港小学，面对这些衣来伸手饭来张口的城镇孩子，我在卫生打扫上陷入了从未有过的困境：我自认为想得很周到了，每一项卫生工作，我都安排了孩子去做，并有一个负责人来监督和落实，但具体效果很不理想。孩子们偷懒懈怠，教室里依然时常有纸屑、灰尘，走廊上依然有灰尘和垃圾。我每天如警察一般，喊了这个，又去指挥那个，忙得筋疲力尽，一个月下来，孩子们打扫和保持卫生的习惯依然没养成。

怎么办呢？我决定采用承包兼打分制，每个月每个孩子都有100分的卫生分，每天安排"值周班长"在教室里巡逻，教室里每发现一处垃圾，就相应地扣分。每个周一的行规训练，由值日小组长总结，对完成情况好的孩子进行表扬，对完成不理想的孩子进行批评，每批评一次扣1分。卫生委员每天进行班级卫生自查，查到不够理想的地方，组长扣2分，其他组员扣1分。每个月对每个孩子的卫生分进行汇总。屡经负责人提醒但无丝毫改进的孩子将取消其劳动的资格，由另外的孩子代替，多兼一份工作，每月的卫生分底分为200分。而卫生分纳入每一个孩子的学期成长分，成长分的高低将直接决定学期结束这个孩子是否能拿到"风雅少年"的评选资格。同时规定，卫生分最靠后的10个孩子将被取消评选"风雅少年"的资格。

如此一来，困扰我多时的卫生工作不再成为问题，这些娇惯的孩子不再抱着无所谓的态度，而是以高度的责任感去对待值日工作。

2021年我在桐乡市尚阳小学担任一年级班主任，一、二年级不竞选班干部，人人做班干部，轮流做班干部。根据每周班级优化大师上的排名，我定制了"值周小老师""值周安全监督员""值周纪律委员""值周暖心员""值周环保委员"的牌子，每一项安排两个孩子，按学号轮流当值日班长，每天安排11个孩子全面管理班级常规。谁做得好，谁来负责班级常规，孩子们的积极性高涨，效果很好。

策略6：拯救男生

> **心理学上的"用进废退"原则**
>
> 意大利的男孩小托蒂有一只十分奇怪的眼睛，说"十分奇怪"，主要是因为眼科大夫多次会诊得出的结论都相同：从生理上看，这是一只完全正常的眼睛，但是，这只眼睛却是失明的。一只完全正常的眼睛为何失明了呢？原来，当小托蒂呱呱坠地时，由于这只眼睛被轻度感染，曾被绷带缠了两个星期，正是这种对常人毫无副作用的治疗方式，对刚刚出生、大脑正处于构建发育期的婴儿造成了极大的伤害，他的大脑由于长时间无法从这只眼睛接收信息，就认为它瞎了，于是原先该为它工作的大脑组织也随之"战略转移"了。

用进废退，能力得到反复训练后，会越来越强；当不用甚至废弃它时，其功能就会慢慢地萎缩。

从幼儿园到小学六年级，是儿童心理发育的重要阶段。在小学阶段，男生、女生由于生理发育的特点不同，表现也往往不同。男生的自我约束能力较差，他们常常以自我为中心，贪玩，好动，遇事容易冲动，学习上比较粗心；而女生对学校各项规章制度的适应性较强，易于接受教师的教育，办事认真，学习努力、扎实。传统教育中好孩子的标准就是听话、乖巧、学习成绩优异，正符合这一时期女生的表现，所以在小学里有很多班干部是女生，男生则经常受到教师的批评。在小学，乃至初中、高中，"阴盛阳衰"早已成了一个不争的事实。

传统的好孩子的标准与这一时期男生的生理特征形成了鲜明的冲突。长期以来，我们在评价男生时常用到"调皮""好动"等词语，这压抑了男生的个性发展，特别是严重阻碍了其社会心理发展，容易导致男生缺乏竞争意识、创新意识和集体荣誉感。

于是，男生中出现了一批"事不关己，高高挂起"者，出现了一批令老师们头疼的"后进生"。小学教师常感慨，哪个班男生多，哪个班的纪律就难管，似乎男生在小学里是不受欢迎的。

苏霍姆林斯基说，教育者的使命就是使孩子的各方面和谐地发展，这种和谐发展的前提是对每一个学生个性的尊重。和谐教育就是发现深藏在每一个人内心的财富，要培养真正的人，让每一个孩子成为大写的人。我们所做的一切便是为了每一个孩子的个性健康发展。

我们要完全摒弃陈旧的观念：让每一个男生都能抬起头来走路，给男生以适宜的土壤、阳光雨露，撑起一片绿色的天空，让他们茁壮成长。越来越多的专家开始关注男生的教育，但鲜有小学高年级段的班主任去引导男生建构自我，提升他们的能力。我曾经在不少学校看到，担任小学高年级段班干部的大多为女生，也很少有班主任从事这方面的研究。

我一直觉得培养男生是一件举足轻重的事情，当班级里男生的积极性被调动起来,男生的能力被培养出来,带班就轻松多了。在长期的班主任工作中,我把对男生的能力培养当作一个重头戏来抓,也积累了一定的实践经验。

一、搭建展示才能的舞台,让男生可为

我在工作中会采用以下策略来搭建男生展示才能的舞台。

1. 设置双班委,让有潜力的男生脱颖而出

德国著名教育家爱德华·斯普朗格(Eduard Spranger,1882—1963)说:"教育的核心是人格心灵的唤醒。教育的最终目的不是传授已有的东西,而是要把人的创造力量诱导出来,将生命感、价值感唤醒。"男孩因调皮、爱惹是生非,长期被批评指责,于是对自己失去了信心,由此形成了一种恶性循环。世界著名物理学家阿尔伯特·爱因斯坦(Albert Einstein,1879—1955)说:"兴趣是最好的老师。"只有让男生们看到自己潜在的能力,体验到成长的快乐,才能进而产生热爱班级和集体的情感。

每新接一个班,我都会进行班干部的改选——分男生、女生两套班委。男生、女生两套班委同时运行,让有经验的女生指导男生小干部工作,由扶到放,循序渐进。

男生们得知可以竞选班干部了,个个跃跃欲试。在竞选会上,"惹事大王"小凯说:"当一名小队长,是我一直以来的梦想。若能当上,我一定好好学习,带领全队同学,搞好各项活动。"而一向喜欢欺负女生的小伟则提出了打扫楼梯的工作给男生、重活给男生的要求……这样一批平时表现平平的男生都当上了小队长,给了学生心灵的震撼,男生们用手中的笔写下了他们真实的感受:《今天我当"官"了》《男子汉该从何做起》《男生的觉醒》《我自豪,我是一名阳光男孩》……一篇篇文章充满了男子汉

的激情和豪迈。

因为给男生搭建了施展的舞台，他们在一次次活动中逐渐增强了自己作为班级一分子和管理者的主人翁意识。男生的可爱在于他们内心深处有着积极的参与意识和被肯定、被赏识的愿望，教师要善于发挥他们的主观能动性，使他们在集体中体会到付出的快乐。

2. 真汉榜出炉，让有潜力的男生树立信心

教师的使命在于发现、唤醒、引导。"和发达国家相比，我们的'男孩危机'更严重！"中国青少年研究中心副主任孙云晓研究员告诉记者，和10多年前相比，国内教育在表面上有了显著变化，素质教育、课程改革等成为"关键词"，"但是细一看，以应试为导向的升学竞争如今更激烈。"

美国心理卫生研究所专家很早就指出，5岁男孩的大脑语言区域发育只能达到3.5岁女孩的水平。但在孙云晓看来，男孩的成长危机并不仅仅是生理发育较缓所致，"现行的教育模式可能是男孩成长危机中更凶猛的因素"。

为了培养男生的自信心，我在班上设置了"男子真汉榜"。我把"男子真汉榜"这五个字写在黑板右上角的显眼处。我告诉男生们，男子汉大丈夫，要顶天立地，要遵守规矩，要做真正的行为好、习惯好的男子汉。班级里的男生每周进行行为规范、学习习惯的评比，积分靠前（或达到一定分数）的男生可上此榜，连续四次上榜，可获取一份阳光喜报，通报家长，让家长一起分享孩子成长的快乐。对这一举措，家长们好评如潮。好多男生的家长反映，孩子在家学习主动了，各方面有了很大的改观。这样，一批平常顽皮吵闹的男生在激励下看到了自我存在的价值，有了显著的进步。

3. 真活动开展，让有潜力的男生热血沸腾

男生、女生之间存在着性别差异——男生好动、女生好静，但我们传统的教育要求学生循规蹈矩，这势必压抑男生的个性。当男生在课堂上不

能达到老师的要求时,自然会受到老师的训斥,这样,男生就更加没有动力了。

为了调动每一个男生的积极性,我经常组织一些男生擅长的活动,比如下棋、班级奥数比赛、摄影比赛、男女生篮球赛、科学实验小游戏等,通过男女生对抗,激发男生潜在的征服欲。这些活动本身是男生擅长的,自然男生占优势,他们渐渐尝到成功的喜悦,树立了信心,在优秀女生面前不再自惭形秽。

记得初次让男生尝到成功的喜悦是在一次"成语擂台赛"上。当我提出男女生对抗赛时,男生们皱起了眉头,没精打采。"怎么了?按照现在课堂的发言情况来看,女生们好像不占优势。男生们,加油!灭灭女生的锐气!"男生们抿嘴笑着,将信将疑。终于开始比赛了,我在下面作为旁观者,看得激情澎湃。看他们一关关地闯,连我都感到诧异,怎么班上有那么多知识丰富的男生呢?从第一关到第十关,男生一直遥遥领先,时不时以热烈的掌声给自己喝彩。而女生呢?除了一个小菊撑着台面,可以对抗之外,别的乖巧女生渐渐失去了竞争力。平时的摘录本女生们写得认真多了,可一到比赛成语的重要关口,一个个都如打蔫的茄子。细想,大概是因为平时女生死读书的较多吧!我宣布比赛结果:"亲爱的男生们,请抬起你们自信而高贵的头,勇敢地往前走吧!"男生们边使劲儿拍手,边可爱地把自己的头往上抬,那可是扬眉吐气的第一次呀!

此后,在"辩论赛""讲故事比赛""古诗词大赛"这些女生擅长的活动中,男生们也渐渐取得了不俗的成绩,令女生对他们刮目相看。女生们因面临危机而分外努力,这样,班级里就形成了一种你追我赶的良性循环。

二、激发参与竞争的斗志，让男生愿为

我在工作中会采用以下策略来激发男生参与竞争的斗志。

1. 发挑战书，唤醒男生的好胜心

面对一群品学兼优的女生，男生们看不见自己的优势，自卑感油然而生。为了树立男生的信心，我给他们单独开了一次会，做宣传发动工作。受我的激励，男生们意气风发，各自挑选了一个女生作为自己想要超越的目标，向女生发起了挑战。男生们在挑战书上洋洋洒洒地写着"我要挑战你的口才、字的端正"……甚至连"主动关心同学"都成了与女生竞争的内容。女生们在对他们刮目相看的同时，不得不加快自己的脚步。班上最优秀的女生小菊、小怡等同学，有的一人就收到了五张挑战书。每周一检测，若挑战成功，就得到我奖励的一朵小红花，上面写着"阳光男孩"，获得四次小红花后可获得"阳光王子"的称号。教室后面的评比栏也被利用起来，把整个集体带入了比学赶帮超的热烈竞争氛围中，组员之间互相竞争，男生女生之间互相竞争，组与组之间互相竞争，学生学习、劳动、自觉遵守纪律的积极性都极大地提高了。

苏霍姆林斯基说："教师在教育活动中，要使集体成为人的精神、人的个性的一汪活水。"男生们办事充满激情，生龙活虎。他们的能量无穷，而集体正是他们发挥潜能的最好舞台。

2. 传授秘诀，提升男生的内在修养

每一个孩子都有做好孩子的心愿。我经常给班上的男生开会，并组织男生互相传授秘诀，以提升男生们的内在修养。

【我的案例】

"小水滴班"优秀男生修炼秘诀

1. 他精神愉快，健康，快乐，充满活力，对每个人都笑脸相迎，从不生气。

2. 他礼貌待人，尊重女士，有女士优先的气度和胸襟。

3. 他不欺负别的男孩，也不允许别的男孩欺负他。

4. 如果不知道一件事，他会说："我不知道。"犯了错误，他会说："对不起。"

5. 当别人要求他做一件事情时，他会说："我尽力。"

6. 他会正视你的眼睛，从来不说谎。

7. 他渴望阅读优秀的书籍。

8. 他更愿意在球场或运动中度过闲暇时间，而不是在电脑前玩无聊的游戏。

9. 他不会为自己开脱，也不会总是想着自己或谈论自己。

10. 他在课堂上积极发言，敢在众人面前说话且落落大方。

11. 他可以在大街上吹口哨，但在该保持安静的地方会保持安静。

12. 他坐立端正，言行端正。

13. 他的指甲从不乌黑，耳朵很干净，鞋子很干净，衣服经常清洗，头发梳得很整齐。

14. 他一定会保质保量地完成自己的本职工作。

15. 他不会轻易许诺，但一旦许诺就一定会兑现。

16. 他会努力地使自己的学业成绩优秀。

17. 他绝对守时，且是一个懂得礼让的谦谦君子。

18. 他关心父母，在家乐意为父母做事。

19. 他从不当面一套背后一套，自主管理时间，无论老师在与不在都一个样。

20. 他的存在让人们感到开心快乐，他不做任何欺负同学尤其是女生的事情。

上面的修炼秘诀，我让每一个男生张贴在自己的写字桌前，这样每天写作业时都能读一读，在一遍又一遍的阅读中，男生们明白了作为男子汉具体该在哪些方面努力。这种方法修炼了男生的内功，为他们将来成为优秀男人起到了一个很好的铺垫作用。

3. 干苦活儿，培养男生的责任感

男生的责任感并不是先天就具有的，而是需要班主任用心去培养。在我班，凡是搞卫生或班级活动时，最艰苦、最需要体力、最难做的事情我都安排给男生做。可能一开始，动手能力差的男生做事不太令人满意，甚至会让班级扣分，没关系，只要教师肯花时间和精力去指导，并且经常让男生进行总结和分析，他们会越做越好的。原本对班级情感相对淡漠的男生会越来越热爱班级，责任感也会不断地增强。儿童小说《小王子》中写道：

> 小王子的星球上忽然绽放了一朵娇艳的玫瑰花。以前，这个星球上只有一些无名的小花，小王子从来没有见过这么美丽的花，他爱上这朵玫瑰花，细心地呵护它。那一段日子，他以为，这是唯一的一朵花，只有他的星球上才有，其他的地方都不存在。然而，等他来到地球上，发现仅仅一个花园里就有5000朵完全一样的这种花朵。这时，他才知道，他有的只是一朵普通的花。
>
> 一开始，这个发现让小王子非常伤心。但最后，小王子明白，尽管世界上有无数朵玫瑰花，但他的星球上的那一朵，仍然是独

一无二的，因为那朵玫瑰花，他浇灌过，给它罩过花罩，用屏风保护过它，除过它身上的毛虫，还倾听过它的怨艾和自诩，聆听过它的沉默……一句话，他驯服了它，它也驯服了他，它是他独一无二的玫瑰花。

通过探索行之有效的一系列方法，引领和帮助每一个男生树立信心，积极参与班级活动，看到自己的长处，努力改善男生的生存环境，唤醒男生的潜能，这样，班级里的男生就能抬起头走路，健康茁壮地成长，撑起那一片浓浓的绿荫。

策略7：建设基地

心理学上的"配套效应"

18世纪法国有个哲学家叫丹尼斯·狄德罗（Denis Diderot，1713—1784）。一天，朋友送他一件质地精良、做工考究、图案高雅的酒红色睡袍。狄德罗非常喜欢，可他穿着华贵的睡袍在家里寻找感觉，总觉得家具的颜色不对，地毯的针脚也粗得吓人。于是，为了与睡袍配套，旧的东西先后更新，书房终于跟上了睡袍的档次，可他却觉得很不舒服。

人们在拥有了一件新的物品后，会不断配置与其相适应的物品，以达到心理平衡。狄德罗已经形成了关于环境与服饰搭配的认识，在他的意识中，高雅的睡袍是富贵的象征，应该与高档的家具、华贵的地毯、豪华的住宅相配套，否则会感到"很不舒服"。这种配套效应为整个事物的变化

> 提供了动因,当其中任何一部分发生变化时,其他部分随之变化以与其配套,从而促进了周围事物的变化、发展和更新。
>
> 200年后,美国经济学家朱丽叶·斯格尔(Juliet B. Schor)在《过度消费的美国人》(Overspent American)一书中,把这种现象称为"狄德罗效应",亦称作"配套效应"。

教书30年,我总觉得太热闹的班级最后都难出成绩,当然,太沉闷的班级也会令老师感到索然无味。

那么,如何才能打造出安静、理性、平和、从容的班级呢?我觉得,运用配套效应,可以先建设一个安静的环境,再建设一块安静根据地,然后抓住捣乱的典型,团结一切可以团结的孩子,营造平和、从容的班级氛围。

一、感受静内涵

静,是一种气质,也是一种修养。

诸葛亮云:"非淡泊无以明志,非宁静无以致远。"

心浮气躁,是成不了大气候的。

教师经常把这些话挂在嘴边,能在潜移默化中让孩子们明白,只有安静、安定下来,才能拥有大智慧。

【我的案例】

马厉害还是知了厉害

我担任"小水滴班"的班主任已一月有余,孩子们一直喜欢说悄悄话,我一再强调和训练,虽有所改善,但仍不能避免。这是一直困扰我的难题。

怎么办呢?某天,我翻阅报刊,猛然看到这么一段文字:人们为什么不喜欢知了？我顿时灵感迸发，眼前似有一道白光闪过。

第二天，铃声响了，我站在教室门口，教室里窸窸窣窣的，依然有细小声音传出。我一声不吭，拿起粉笔，在黑板上写下了大大的"知了""马"几个字。我问孩子们："知了、马，这两种动物，你喜欢哪一种？"

短暂的安静之后，小手林立，不出所料，百分之百的孩子都选择了马。"英雄所见略同嘛！大家来说说看，为什么？"我边笑边说。

有学生说，马奔跑起来很快。有学生说，知了叫起来很烦人。

我一字一顿地总结和提炼："马是用它的脚来说话，脚踏实地地走好每一步路，以此赢得了人们的喜欢。知了是用嘴来说话，让人觉得烦躁。你选择做马还是做知了呢？"

听我这么一说，孩子们马上挺胸，坐端正，教室里静得连针掉到地上都能听到。

以后，但凡上课时窸窣的声音响起，我只需说一声"又有谁选择做知了吗？"，教室里立马就安静了。

原本爱说话的几个孩子告诉我，从没想过在不该说话的地方说话，会如知了一般讨人嫌呢。

二、提炼静文化

静能生智，定能生慧。我将这八个字作为班风偏浮躁的"小水滴班"的班训，贴在教室后墙的黑板上面，学生们能随时看见，随时记诵，随时反省。平时在班会活动或我所教的学科上课前，我会让全班的孩子一起朗诵这八个字，提醒大家铭记于心。

三、落实静文化

道理说清了,内涵也揭示了,最重要的是落实——建立安静根据地。安静根据地不是想建就能建设,首先要抓住不安静典型。文化不是写在纸上或者贴在墙上,而是要表现在行为上。我会告诉孩子们:"静是要经过锻炼的,古人把这个过程叫作'习静'。那么,从现在开始,我们就要开始'习静'。"

"习静"主要从以下几个方面去做。

(1)每天上午、下午由班长带领大家把班训读一遍。

(2)上课预备铃一响,纪律委员立即监督,看谁的嘴巴没有"挂锁"。轻者提醒,重则批评,严重者移交我处理。

(3)反复表扬那些安静(并非沉默不语)的孩子,让其他孩子明白,老师欣赏的是哪一种孩子,班级价值观推崇什么样的行为。

(4)抓住典型的不能安静者,加以"制裁"。抓好每堂课、午睡的纪律。这个有科代表记录,有科任教师反馈,有班主任抽查,很容易知道哪些孩子浮躁。对浮躁的孩子,自然是要进行思想教育以及静坐训练的。

(5)静坐练习。如果因外界影响,孩子们总是控制不住自己浮躁的情绪,那么我会安排时间,让孩子们把双手平放在桌上,腰背挺直,全身放松,闭眼静坐。

【我的案例】

建立"安静根据地"

"红苹果班"的动作型孩子颇多,班风浮躁。为了让孩子们养成静心的好习惯,营造一种静氛围,我首先要求每个孩子一早来到学校,交出作业后，拿出课外书阅读，等人到齐后，再让小干部组织语文早读。

习惯养成不是一说就能做到的，需要督促和提醒。

每天早上，我来到学校，不再如以往一般先去食堂就餐，而是先到教室，提醒孩子们拿出课外书。两周下来，他们已渐渐地适应。每天朦胧的晨光中，学生们手捧书本，静静地阅读。

午休，更需要安静。静静地午睡，养足精神后才有精力投入下午的学习。

我想检测一下班级自我管理落实情况，就不安排任何小干部管理。提醒完毕后，我让大家安静地睡觉。同时，我打开一扇窗，好随时透过玻璃窗观察教室里的午睡情况。

我关上教室的门，将班里最调皮、淘气的晴晴带进办公室后，就在电脑上整理资料。

我想考验一下孩子们，故暂时不去窗口观察。过了一会儿，我在办公室里隐隐约约听到教室里传来喧哗声。去窗口一看，好家伙，整个教室宛如炸了锅，说话的，聊天的，干什么的都有。

我冲进教室，"起来！写说明书！"我压低声音镇定地说。

"怎么回事？是谁在吵？你看到了什么，听到了什么？都写出来。"扔下这段话，我扭头就走。

教室里顿时鸦雀无声。学生们掀开小被子，起身坐了下来，乖乖拿出本子，低头开始书写。

正好美术老师有事，下午让我上第一节美术课。

得来全不费工夫。美术课上，我一声不吭，坐在工作桌上，低头批作业。看着一张张说明书，我明白了事情的经过：说话的缘起，主要是小玮和小铭争一床被子。被子是小玮的，她睡在书桌上，小铭作为她的同桌只得睡在椅子上，因天气较凉爽，小铭也要盖被子，小玮不让他盖，很放肆地在教室里大声说"被子大战",使得许多同学从睡梦中被吵醒,参与说话。一旦有人说话,整个教室的宁静就被打破……

向来缺乏自制能力的鑫鑫唯恐天下不乱,不停地喊"许老师来了",甚至跳下书桌嬉闹,引起骚动。

嘉嘉一会儿把脚伸到同学的书桌上,一会儿干脆冲到小松那里,用被子蒙住小松的脸,引得小松怪叫,给整个班级的乱加了把火。

……

星星之火,可以燎原。

读着一张张说明书,我仿佛看到了当时的情景,哪几个是肇事分子,我已心中有数。我在想,哪些孩子是我可以团结的"根据地"?连坐是一种偶尔才能为之的方式,不能成为常态。

我要建立一个"安静根据地",先把班风沉淀下来,再进行逐个突破。如何团结大多数可以团结的孩子,建立"安静根据地"呢?我开始了思考。

第二天,我来到学校,关于前一天午睡的事,我只字未提。我只是拿出一张大大的纸——上面记录着说明书中点到的14位同学的名字——张贴在门后。

孩子们不知我葫芦里卖的什么药,时不时地有人到后面去看。

午饭时,我让小煜和杭宇、宇玮和铭鑫这两对同桌手拉手3分钟。

拉手疗法,小试牛刀,小小警告,对向来乖巧的孩子已绰绰有余。

其他孩子呢?等我逮到机会,一个一个来。

又一个中午,我要去参加会议。我没多说话,在黑板上写上这么一行字:"先做《同步练习》,再抄词语,接着睡觉。相信你们不需要任何人管。"

半小时后,我去教室一看,很安静,唯有小存的头转到了后面。原本以为他在转头说话,学生告诉我,是坐在后面的沈杰和成成正在说话,他出于好意提醒他们。

我赶紧让沈杰和成成上来,仍参照之前的方法——写说明书,说明情况。

午唱,有点乱。经学生检举,问题主要集中在鑫鑫、嘉嘉、小炜、小宇身上。这几个孩子的名字自然列于榜中。

平素最不能安静之首——晴晴,这几天在享受一件美事:那就是一到下课就与我保持1米的距离,随时随地跟着我。之前,但凡班级有风吹草动,几乎全班同学都是告晴晴的状,似乎整个班就是因为他捣乱才不能保持安静。今天,小晴不在教室,不是午唱也有点乱吗?如此说来,班级不能静心,不只是因为他。

现在,方向、目标明确了,我必须团结班级内大部分可以团结的学生,拉拢一些可做到安静但相对意志力薄弱的学生,建立我班的"安静根据地",以此来稳固军心,让大部分学生的心安定下来。

"孩子们,昨天的事,我们只当一个教训,评选'星级少年'时不作为参考依据。"许多孩子听我这么讲,松了一口气,脸上露出了微笑。

不打无准备之战。静文化的培养,要用战略眼光,精心布局,才能赢来全面胜利。只有建立了"安静根据地",把大部分学生团结起来,形成良好的舆论,培养良好的秩序,班风才能焕然一新。然后,再抓出不安静的典型,逐个突破。先易后难,当班级的大气候形成后,班级的静文化就不再是奢侈和梦想了。

策略8：凝聚力量

> **心理学上的"蝴蝶效应"**
>
> 1979年12月，气象学家爱德华·诺顿·洛伦茨（Edward Norton Lorenz, 1917—2008）在美国科学促进会的一次演讲中提出：一只蝴蝶在巴西的一朵花瓣上轻轻扇动一下翅膀，有可能会在美国的得克萨斯州引起一场龙卷风。细小的因素与看似完全不相关的巨大复杂的变化之间存在紧密的因果联系，这就是蝴蝶效应。
>
> 蝴蝶效应为什么会导致如此严重的后果呢？
>
> 第一，蝴蝶成了蝴蝶效应的杠杆支点，引起了杠杆效应。发生杠杆效应很重要的一点便是找到合适的支点，支点不合适，就达不到省力的目的。蝴蝶效应就是因为产生了微弱气流，微弱气流又会因四周的空气或其他系统而发生极大的变化。
>
> 第二，蝴蝶开始时微不足道，因此有机会暗暗"滋长"。如果蝴蝶一开始便引人瞩目，那么，它就不可能有机会得到发展，就会被扼杀在萌芽状态。

蝴蝶效应告诉我们，在卓越班级中，要有一个核心精神气流，推己及人，逐渐蔓延，让这正能量"星星之火，可以燎原"。

这一精神气流的形成需要班主任观六路听八方，仔细地去辨析、甄别，把班级中最有领袖力的孩子甄别出来，形成一股强大的正气。

一、选个好班长，传递正能量

选好班长是组建一个良好班集体的杠杆支点。班长是一个班级的领头雁，是这个集体中的第一学生代表。

挑选班长时，应避免任人唯亲。他的成绩不一定是最冒尖的，中等偏上就可以，但他一定要品行端正、脚踏实地，他的心胸要宽广，要有包容心，愿意为班级和同学付出，口才也要过得去，在同班同学之中要具有一定的威信。班长站在那里，要能压得住阵脚。挑选班长，宜选择沉稳大方的男生，那样一批调皮的男生会追随，班级很快能步入健康向上的快车道。纵观现在小学的班级，大多数教师喜欢选择泼辣、能干、强势的女班长，这当然与小学阶段女生的心智发育先于男生有一定的关系。

【我的案例】

选对了班长，就走对了路

"红苹果班"一开始选择的班长是成绩较好但很调皮的小松。这孩子成绩很好，很会讨好老师，但老师一走，在同学面前，就按捺不住自己好动的个性，比较放飞自我，自制力比较弱，甚至比其他同学更爱吵闹。在他的带领下班级越来越浮躁。

放眼"红苹果班"，真的选不出一个合适的男生人选。后来换多才多艺的思豪做班长，但这孩子定力不足，面对调皮的孩子，他的情绪也常跟着受影响。老师不在，需要班长压阵时，他发脾气、吼叫，但孩子们依然故我，班级屡屡处于失控状态。

我一直在想，在这么一个人才严重匮乏的班级中，该选择哪个孩子来当班长呢？面对班上这么多的调皮男生，到底谁站在上面能让晴晴、嘉嘉、鑫鑫、小炜这些男生自愿听从他的指挥呢？

想来想去，我脑海中掠过一个孩子的身影，滋行。他人高马大，比同学们大两岁。来自山城重庆的他，一年级在民工子弟学校读书，后进入我校，因基础太差，重读一年级，故比班上的孩子大了近两岁。这孩子成熟懂事，力气大，懂宽容，性格稳重，从不与同学斤斤计较，颇有大哥风范，唯一不足的是成绩不冒尖，只是中等略偏上一点儿。那又有什么关系呢？掰手腕比赛，身材高大的滋行轻而易举地获得了第一名。此后众男生尤其是班上的调皮男生见了他都有些敬畏。我常常当着全班孩子的面表扬他的一些闪光点，为日后他做班长做好铺垫。同时，我又找他谈话，有意无意地向他透露，他将成为班长的不二人选，建议他在学习上多花一些时间，争取成绩能再靠前一点。当老师看重一个孩子时，孩子的自信心就被调动起来，滋行的成绩节节攀升。

下一学期，我先动员滋行参与班长竞选，他欣然领命。有了前面的种种铺垫，他当选班长顺理成章。

滋行站在讲台上，宛如大哥一般，传递出一股正能量。面对调皮的同学，他厉声正色，他也因品行端正、性格稳重而受到全班同学的爱戴。选对了班长后，班风逐渐沉静向上，整个班级进步明显。

一个品行端正、有威信、肯为班级付出的班长犹如东海龙宫里的定海神针，班主任应时时关注这样的孩子的精神发展，让他愿意为班级和同学服务，做同学的榜样。

二、组建向上的班干部队伍

班长已经确定，班委的组建也至关重要。该挑选哪些人来做班委呢？

1. 民主集中制产生班委

班干部应品学兼优，肯为班级和同学服务。要让所有学生明白，做班干部不是享受某种特权，更不是当"官"，也非面子大，做班干部就是为班级和同学服务的。

我在工作中不搞班主任一言堂，班主任包办指定必定会使班干部失去群众基础，给日后的工作带来不必要的困难，不可取。但是，让学生完全"自决"，一些学生往往会倾向于选自己的"好朋友"，以便在今后的班级管理中得到"照顾"，同样有不足。我认为较好的办法应该是先民主后集中，即先让学生投票选举，再由教师权衡。利用学期初的一两周时间，我告诉学生班上要重新选举一批班干部，要求具备管理能力且品学兼优的同学准备演讲，主题是"假如我是……，我要……"。我给足学生们酝酿筹备的时间，紧接着开了一个选举班干部的主题班会。全体学生可以根据参加竞选同学的演讲内容，结合其平时的表现，对参选者进行民主投票表决，初选出大部分同学都认同的班干部人选，建立班委会。

2. 激发班干部的管理智慧

精心挑选出来的班干部虽然工作热情相对来说比较高，但真正要使他们变"要我管"为"我要管"，把管好班级变成他们自身的需要，做到愿管、乐管，还需进一步激发他们的工作热情。

我经常教育他们树立为集体服务的光荣感和责任感，要求他们努力学习、团结同学、以身作则，鼓励他们既大胆工作，又严格要求自己，注意工作方法。当然，选出的班干部毕竟不是完人，因此对他们不能过分苛求、指责，特别是在他们的工作出现失误时。例如，"红苹果班"的副班长陈松在管理同学的过程中，有时对待同学比较严厉，而他自己不够遵守纪律，这使他在同学中的威信不高，到期末评比的时候他的得票数不多。我就单独找他谈话，指出他存在的问题以及今后工作中要注意的地方，并鼓励他继续努力，争取得到同学们的认可，他也认真进行了反思。下一学期他在班级管理上明显有进步，他在同学们心中的威信得到了提高。

要让每一个班干部明确自己的职责以及自己要起到榜样作用。班委会组建之初，每周班主任要腾出时间让班干部阐述如何管理班级，遇到了怎样的困难。班主任进行有针对性的指导，并让班干部互相监督。

我还坚持定期召开班干部会议，组织他们讨论我制订的班级工作计划及具体措施，检查落实情况，总结得失并加以改进，教会他们分辨是非，及时阻止不良行为，鼓励他们以身作则并带动其他同学，促进整个班级的管理工作；而对班干部在班级中的不良行为，我决不姑息，该批评的批评，该处罚的处罚。

3. 锻炼班干部的管理能力

为了更好地培养班干部的能力，班主任在某些事情上要适度放手。

首先，要让班干部互相支持、互相配合，形成一股强大的团队力量。对不服从管理的其他班干部既要严肃批评，又要耐心细致地做好疏导教育工作，使班干部之间形成工作的合力。

其次，让班长分配各班委的具体工作，每个班委明确自己的工作范畴和要求，例如，劳动委员要每天定时检查室内外卫生，提醒值日生及时完成值日，高质量地完成学校规定的大扫除；纪律委员每天认真监督同学的课间、午间活动纪律，及时制止不安全的活动等。

为了让班干部发挥更好、更大的作用，我有时故意制造机会，放手让他们去干，而我找一个角落"冷眼旁观"，记下出现的问题，第二天及时指导。经过一段时间的锻炼，我班的班干部把本职工作做得井井有条，他们的能力得到了进一步提高，学生在很大程度上也由被动管理逐步转向主动自律。当然在这个过程中，班主任不能匆忙放权，因为难免有的班干部不会或不善用"权"，或者滥用、乱用权力，所以在这个阶段班主任要随时监督、调控、指导。长期坚持，一个良好的班干部队伍就形成了。

建设了一支得力的班干部队伍以后，你会惊喜地发现，原来孩子们的能力这么强，班主任也能当一回"甩手掌柜"啦！

三、隆重推出班级形象大使

形象大使代表了一个班的精神内核及精神需要。可利用班会课，定期（每个月的频率最佳）在班上评选各类形象大使，比如：礼貌大使、遵守纪律大使、安静大使、积极发言大使、热爱劳动大使、朗读大使、作文大使、数学大使、音乐大使、美术大使、谦让大使、友善大使、孝顺大使……把这些大使的照片张贴在教室的门上作为奖励。对中华民族的传统美德继承较好的学生都可作为形象大使在班上加以表扬和宣传，有特殊才能的孩子也可作为才艺形象大使进行鼓励。这些正面鼓励有助于在班级中形成良好的舆论和健康的氛围，榜样是最好的力量。

策略9：合法"军队"

心理学上的"鲶鱼效应"

挪威人爱吃沙丁鱼，但是当渔民将捕捞的沙丁鱼运回渔港时，发现大多数沙丁鱼已经死了。死鱼卖不上价，怎么办呢？聪明的渔民想出了一个办法，就是将沙丁鱼的天敌——鲶鱼和沙丁鱼放在一起。每当渔民出海捕鱼时，总是先准备几条活跃的鲶鱼，把捕获的沙丁鱼放入水槽后，便把鲶

> 鱼也放进去。鲶鱼四处游动，偶尔会追杀沙丁鱼。沙丁鱼则因发现异己分子而紧张得四处逃窜，整槽鱼不断游动，从而使鱼槽内氧气充足。如此这般，就能保证沙丁鱼活蹦乱跳地被运进渔港。

鲶鱼效应主要源于新鲜感、陌生感、安全感及危机感，这是生物共有的心理活动。当鲶鱼来到沙丁鱼当中，没有发现自己的同类，内心自然升起一股陌生感，担心自身的安全。而沙丁鱼发现异己分子时，则认为对方不怀好意，一定是来惹是生非的，产生了危机感。鱼儿们因紧张而加速游动，结果水活起来了，鱼也活蹦乱跳了。

一般而言，一个班级中难免会有一些调皮捣蛋的男生。尤其是在生源不佳的城郊接合部学校或农村小学，更难免会有几个不听话、不遵守纪律的"金刚型"孩子。班主任在时，他们会适度收敛些；班主任不在时，教室就是他们的天下了。这些容易制造事端的孩子往往让班主任烦心。正如王晓春老师所言，现在的孩子在家都是什么？都是皇帝，皇帝与皇帝相遇，爆发战争是再正常不过的事情。有小部分孩子不仅是皇帝，而且是暴君。

班上的其他孩子忍让惯了，更会促使他"胡作非为"。一般而言，这样的孩子，其家庭教育基本处于失控状态，找家长也起不了什么作用，班主任只能单枪匹马，独自布阵。

你看，哪一个国家没有自己的军队呢？一个国家拥有了军队，拥有了武装力量，才能保证国家的合法权益不受侵犯。同样的道理，当班上的调皮男生较多且互相串通并有一定的势力时，班主任一定要想方设法瓦解这股"黑暗"势力。如何让这一小拨调皮的男生在班级中有顾忌感、敬畏感、危机感，不至于在老师不在场时使整个班级处于失控状态呢？建立一支班级"军队"不失为一种好的办法。

班主任最好的同盟者是班上的"正义孩子"。

第一，要挑选心地善良、学业成绩中等或以上，在班上属正义力量，关键是力气较大的学生，可通过掰手腕、扔铅球等活动来确定"军队"成员。班主任要隆重地给这些成员颁发聘任书，并可以冠一个名字，比如"金刚罩团"或"正义之团"，并任命其中力气最大、品质最好的孩子为团长。

第二，"军队"成员一般5～10人为宜，要赋予他们一定的权力，让他们放胆去与"邪恶"力量斗争。

第三，当这些"反暴分子"制服"暴力分子"的时候，班主任一定要亲自到场，确保每一个孩子的安全。用几次"反暴行动"灭一下调皮孩子的威风，让他们明白，教室、学校不是可以胡来的地方。

当调皮的孩子收敛自己的暴力行为时，要适当鼓励，让他体会到做受同学欢迎的孩子是幸福的，不断引领他走向明亮的那一方。

第四，取得家长的支持。要与"失控分子"的家长事先进行沟通，告诉家长老师和同学的善意，保证安全且老师在场。得到家长的支持，方能行动。若家长不支持和不理解，只能另外想办法。

【我的案例】

成立"金刚罩团"，发挥正义力量的作用

"许老师，晴晴又在打人，他还发出怪叫。"自习课时，我刚回办公室一会儿，班长思豪就来向我汇报。"许老师，我真的管不住他，他一点儿都不听我的。"小才子思豪皱着眉头，很无奈、很沮丧地告诉我。看着他那一脸的"悲哀"，我的脑子转了起来。

我跟着思豪来到教室。一看见我进来，教室里顿时安静了。晴晴装作没事一样做起了作业。

"孩子们，听说刚才放了精彩的电影哦，是不是？"我故意"装傻"。

"是的！是的！晴晴又打人了，班长劝他，他还说'关你屁事'。"沈杰

在下面说。

"是的！是的！晴晴总是打人。"马上有许多孩子附和。

"嗨，咱们先不说老庄（晴晴常这么自称，所以我有时也这么叫他）的扫兴事，咱们来个男生掰手腕比赛怎么样？"我的话刚一出口，孩子们就在下面欢呼。

"怎么比？"有孩子问。

"既然老庄的力气这么大，咱们就以他为靶子，谁赢他，谁就是胜利者！"我这么一说，全体男生热情高涨，晴晴不好意思地吐了吐舌头。

于是，我指挥学生搬来了两把椅子，一张书桌，布置好比赛场地。先请上晴晴，让他面对全班孩子。他坐在座位上，抿着嘴巴笑。

"谁有胆量挑战晴晴，愿意与他比试的，自愿报名！"我一声吆喝，立刻得到了6名男生的积极响应，分别是周滋行、陈松、潘龙、姚沈杰、徐斌宇、陈铭鑫。

我让他们挨个与晴晴比试。素来被称为"霸王"的晴晴居然如豆腐般不堪一击，惨败。

"许老师，我对陈铭鑫不服，我想再与他比一场。"晴晴对我说。

我答应了，这次晴晴憋足了劲儿，果真赢了陈铭鑫。

我宣布比赛结果，"周滋行、陈松、潘龙、姚沈杰、徐斌宇同学轻而易举地赢了晴晴，他们五人将成立一个'金刚罩团'，周滋行为'金刚罩团'团长，潘龙为副团长，另三位同学为团员，专门罩金刚，再厉害的金刚都会被克住的。因为正义总是会战胜邪恶！"我出其不意地甩出这么一招，下面的孩子们都笑了起来。

我专门为这几个孩子颁发了特制的聘任证书，让班上的孩子觉得这是被班主任正儿八经任命的正义力量；并给他们在教室里拍合影，激发众人的艳羡，让他们有使命感。

我当即让获得任命的孩子表演罩金刚的过程。"罩金刚！"我一声大喝，以周滋行为首的五名同学立刻出位，两人抓着晴晴的手，两人抱着他的身体，让他不能动弹。这只是示范，可已把向来"嚣张"的晴晴镇住了。面对正义力量之首——力大无比的周滋行，他在气势上逊色了许多，再说还有另外四个力气比他大的同学。

连续两天，晴晴都很安静。

第三天，他终于按捺不住，又在班上惹是生非。我立刻调动"金刚罩团"，把他"罩"得不能动弹。他哪能轻易罢休，身体疯狂乱舞，脚乱踢乱动。在我的指挥下，学生们拉开书桌，在确保所有孩子安全的情况下，"金刚罩团"的孩子们把晴晴按倒在地，按住他的手和脚，让他不能动弹整整3分钟，灭了他的威风。

称王称霸、欺凌别的同学惯了的晴晴，在正义的力量面前终于垂下了头，一整天闷闷不乐。

我告诉他，你称王称霸惯了，从今开始，不能任由你逍遥"法外"，希望你好自为之。他老实地点了点头。

我与晴晴的妈妈进行了有效的沟通，告诉她老师和同学的善意，不是为了打他，而是为了帮助他。他们的行动都有老师在场。晴晴的妈妈表示支持和理解。

一直以来，我班没有同学敢与晴晴同桌。我安排了"金刚罩团"团长——周滋行与他成为同桌，同时任命周滋行为晴晴的学校监护人。

自此，我班素来横行霸道的晴晴彻底脱胎换骨，再也没有肆意欺负同学了。他专心投入学习，学习成绩更是节节攀升。

一直到高中毕业，晴晴都与我保持联系。他总是对他妈妈说："这么多老师，还是许老师最好！最关心我！"

策略10：独辟蹊径

心理学上的"安慰剂效应"

"五一"假期到了，平时工作忙碌的一群朋友组织郊游。乡间的美景和泥土的气息令大家心旷神怡，眼前清澈的泉水、碧绿的草地和迷人的风景深深吸引了他们。休息时，其中一人很高兴地接过同伴递过来的水壶喝了一口水，情不自禁地感叹道："山里的水真甜，城里的水跟这儿真是没法比。"水壶的主人听罢笑了起来，说道："壶里的水是城市里最普通的水，是出发前从家里带来的凉白开。"

上面的例子就是日常生活中的安慰剂效应。所谓安慰剂效应，是指在治疗中向病人提供安慰剂或者由于对治疗的展望而产生的症状减轻或病情好转情况。许多研究表明：至少三分之一以上的人对安慰剂有反应，临床症状好转；如果再结合言语、宣传和其他途径，安慰剂的效果会更显著，这正应了中国的一句俗语："信则灵。"其实，不只是安慰剂，所有真实的药物也都具有不同程度的安慰剂效应。

帕金森症是一种神经功能障碍疾病，主要影响中老年人。病人大脑中缺少多巴胺，导致丘脑底核等区域的神经细胞异常兴奋，患者出现肌肉僵直、震颤和行走困难等症状。意大利都灵大学医学院的科学家对这样的患者做了一个实验，在实验中他们给帕金森症患者注射脱水吗啡，这种物质能使患者脑部过度兴奋的神经细胞平静下来。大约24小时后，研究人员在患者清醒的状态下给他们做手术，在手术过程中，研究人员给患者注射安慰剂。结果，生理盐水也能使神经细胞平静下来，效果与脱水吗啡几乎相同，并且这一现象不能用脱水吗啡在脑部的残留来解释，因为脱水吗啡的效果只能维持1小时。

医学心理学博士菲利普·韦斯特（Phillip West）曾运用克尔比奥桑安慰剂医治一个癌症患者，其效果也十分明显。当时，人们十分相信一种试验性的治癌药物——克尔比奥桑，认为只要服用少许，就有药到病除的效果。因此，他让这位患者服用了该药，服药前患者有时甚至需要使用氧气面罩呼吸，服药后则不仅精神振奋，甚至能重新驾驶飞机。

安慰剂的作用是如此神奇，因此，班主任都在冥思苦想去找什么样的安慰剂来促进和鼓励学生学习。

在一个班级中，总有那么一批弱势的孩子，他们或者因成绩差或者因行为习惯差，成了所谓的"后进生"。爱、信任和鼓励可能会对这些看不到希望的孩子产生很大的影响。班主任若能独辟蹊径，施一些安慰剂给他们，他们就会振作起来，奋发向上。

一、开设"神马奖"

"世有伯乐，然后有千里马。千里马常有，而伯乐不常有。"班主任要善于赏识孩子，不以成绩论高低。我每新接一个班，都会送给全班孩子两句话——"不比聪明比勤奋，不比成绩比进步"，并把这两句话写出来张贴在教室的墙壁上，作为班级的励志标语。

每学期结束，我都会设若干名"神马奖"：各科学习有进步的，你就是一匹神马、一匹千里马；行为习惯有改变的，你就是一匹骏马、一匹好马……对于被评为"神马奖"的孩子，我会一一给他们拍照，专门撰写文章发到班级公众号或钉钉班级圈，并冲洗出照片送给孩子以资鼓励，个人成长分记15分,高于期末最高级别"风雅少年"获得者的成长分的奖励。这样一来,只要与原来比有进步,再弱势的孩子都有机会获得这个大奖。孩子们的积极性很高,看到了前进的希望,就会努力克服自身的困难。

【我的案例】

越来越棒的孩子

鸡飞狗跳的一年级生活开始了。第一周,来自不同幼儿园的孩子们彼此陌生,相安无事。渐渐熟悉后,孩子们开始慢慢放飞自我。

下课后班上的调皮蛋们就彻底放飞自我,随意打滚,无论老师怎么引导,只要老师一转身,他们又躺到了地上。

小H在我班年龄最小,心智幼稚,是调皮蛋中的"种子选手",不仅调皮,而且学习吃力。上课时,小H不会听课,与老师完全不在同一频道。每次写作业,小H都需要老师手把手帮扶。老师慢慢教,小H还是能学会点儿。如果只是学习上后知后觉,还不算什么。令我瞠目结舌的是第一次语文单元调研考试,小H考了全班最低分85分。30多个孩子拿到了100分的考卷,喜笑颜开。小H拿到他那张考卷后,居然一把扔到地上,用脚用力地踩,哇哇大哭:"没考到100分,我不要了!"我顿时目瞪口呆。教书这么多年,带一年级已是第7次,我还真是第一回遇到这种情况。我赶紧安慰小H:"没考到100分,没关系的!许老师又不批评你,我们继续努力,宝贝。"好不容易才劝住他。

接下来的日子,我发现,小H和小Y是我班的超级"搞事专家"。小Y学习没问题,至少有一部分精力用在学习上;而小H学习困难,全身精力无处消耗,成了我班的"头号杀手"。某天中午,我刚走上三楼,班上的孩子们就齐刷刷地向我奔来。从孩子们的七嘴八舌中我了解到,刚刚在楼梯口上演了一场"小H扔鞋"大戏。小H走到楼梯上突然脱下鞋子,使劲儿往半空中抛，鞋子被扔到了一根悬空的横梁上。他急了，想跨越栏杆去拿，其他班的老师看见了赶紧制止。校长听闻消息也赶来了，他请来校工钟师傅，费了九牛二虎之力，终于拿下了鞋子。我真的有点无语，问小H为什么要扔鞋子，他回答说觉得好玩。我分析了扔鞋子的严重后果，他愣愣地站在一边。

每一个科任老师都向我告小H的状，他上课随意走动，根本不听讲。我让老师们严格一点儿，控制他的率性行为。小H就坐在教室最前排的中间位置，不额外拉到身边给他补课，他根本不会做作业。每天，我与搭班同事都要给小H补课。补好课，他完成作业后，我会拿出一些小零食——一颗糖、一根山楂条、一瓶酸奶等作为奖励，这样他就乐于来办公室做作业。

小H做错事情，上课不听课，转来转去时，我会疾言厉色地批评。但教育哪能总是批评，当他取得一点点进步时，我就会大肆表扬、奖励他，令他感受到老师是爱他、关心他的。

小H的语文成绩一直徘徊在及格边缘，甚至有时只有四十几分。学习上的艰难爬坡以及脾气暴躁导致他越来越被边缘化。班上的同学没几人愿意与他做朋友，他如一颗孤独的星球，又如一只愤怒的刺猬。我于心不忍，除了在学习上努力帮扶，还加强与他爸爸的沟通。一个周日下午，我登门家访，与家长进行沟通，了解孩子在家的情况，与家长结成了教育同盟。我提醒小H的爸爸，一定不能让妈妈在教育上缺席，唯有学校、家庭共同努力，孩子才能取得进步。

我努力调整心态，丢弃了抱怨，努力寻找孩子身上的优点，让他经常帮我做事，放大他的优点，夸奖他，让全班同学为他鼓掌，评他为"进步之星"……在爸爸的支持下，小H学习进步了，与同学相处也友善了，不再乱发脾气。有一天，他送了我一个橘子。"是你想出来的，还是爸爸想出来的？"我问他。"是我想出来的，我带来给你吃的。"我激动地抱住了他，拿起书桌上的酸奶："来，咱们交换礼物。你送许老师橘子，我送你一瓶酸奶！

我们是好朋友哦!"孩子甜甜地笑了。

期末成绩揭晓,小H的三门功课皆在80分以上。与同学相比还远远不够,但他已经做了最好的自己。小H的爸爸在钉钉留言:"这一学期真的辛苦许老师了,还有其他老师,给你们添了不少麻烦。感谢你们的教导。"

多一点包容,多一些耐心,多一份等待,努力寻找教育生活的诗意,生活会还我们甘甜和琼浆。

小H,你真的很棒!

二、陪老师一起散步

我在班级宣布,当弱势的孩子有进步时,可在中饭后陪班主任一起去操场散步。大人或许对散步不以为然,但孩子们不是这样想的,尤其是当"和老师一起去散步"作为鼓励条件后,取得进步的孩子会觉得很荣幸。在这些孩子的心目中,老师看到他们是感到厌烦、头疼的,现在老师却带着他们一起散步,怎不令他们欢欣鼓舞呢?和老师一起沿着操场慢慢地走,老师拉着孩子的手,一边沐浴阳光,一边聊聊心里话……几圈下来,师生的心灵靠得近了。老师可以告诉孩子:"看到你的进步老师很高兴;希望你在某些不足的地方继续加油;你能行,你一定能够学得更好!"这个时候,孩子很容易听进去,能更好地认识自我,挖掘自己的潜能。

三、成立班主任后援团

弱势的孩子最需要鼓励、关爱,他们往往看不到希望,于是破罐子破摔。班主任要想办法在他们的心里筑起一座"安慰长城",使他们的心灵强大起来。我带的"红苹果班",聪明孩子极少,弱势的孩子——成绩差的、学不进知识的、调皮捣蛋的孩子很多。针对这样的状况,我开动脑筋想出了一个办法:成立班主任后援团,让这些弱势的孩子有一个为班主任、为班级服务的机会,通过协助班主任做事来增强他们的积极性;让他们参与早读、午餐、午睡等自主管理实践,给他们成长的空间。人总是因为需要而存在的,加入班主任后援团,等于告诉这些孩子,你已经与班主任站在同一战线上了,我们是联盟,这样他们在心理上与班主任靠得很近。再选择一个有一定号召力的孩子当团长,制定章程,规定做到哪些才有资格加入后援团。

【我的案例】

班主任后援团组建记

前一段时间,我挥动大斧,朝我班"四大超级金刚"甩出了"霹雳如影随形招"后,孩子们收敛了许多。很长一段时间,我静静地观望。当然在这期间,我并没闲着:加强对嘉嘉的激励、唤醒,与嘉嘉的家长真诚交流;再一次"奖励"小松在"闭关修炼桌"上学习,同时让他承担小黑板的抄写工作……王晓春老师说,现在的老师若还只是程咬金的三板斧,让学生猜得出你会怎么说、怎么做,就不能适应时代的发展了。

我在思考着,下一步该出什么招呢?

打蛇打七寸,攻守要在咽喉要道。我班大大小小的事情的主要根源,无非就是这"四大超级金刚",不,还要加上两个调皮鬼——炜炜和宇宇,一共是六个男生。当然,还有其他一些男生搞小动作,但与他们相比简直是"小巫见大巫"。

这六个男生,在家做小皇帝做惯了,碰在一起,刀光剑影。其实,他们内心孤独,交不到真正的朋友,情感上得不到释放,于是互相敌视,制造混乱,以引起同学们的注意。

凝聚这六个男生的心太重要了。我若把他们团结起来，就能形成一股强大的凝聚力，使我从处理班级琐事中解放出来，那么我班的学习成绩也能得到提高。

这天的体育课上，我反攻为守，和颜悦色地邀请这六个男生在教室门后的角落里召开了将近一节课的"秘密会议"。

"你们六个都是好孩子。你们知道我班的语文、数学成绩总上不去的原因吗？"我问道。他们摇摇头。"因为许老师在你们身上花的时间太多了，我就没办法去辅导别的同学了，这样成绩就上不去了。"他们恍然大悟。

"那你们六个爱不爱许老师啊？"我问。他们回答："爱的。"

"你们觉得每天让许老师这么烦恼，心里愧疚吗？"孩子们一个个低着头，很真诚地告诉我，他们觉得很不好意思、感到很愧疚。

"那你们爱不爱自己的班级啊？"我问。他们回答："很爱的。"

"既然你们这么爱自己的班级，也很希望我们班能越来越好，那你们能不能团结起来，组建一个班主任后援团，尽可能地帮助许老师做事，为班级做事呢？你们觉得怎么样？"我用商量的口气问他们。"啊？班主任后援团？"孩子们听了我的话后，一个个非常兴奋。平时我找他们谈心，都是说教、讲道理、批评。我的这番话实在出乎他们的意料。

"就是啊！班主任后援团，你看看，小松现在每天都在帮我出语文、数学的小黑板的题目，炜炜每天中午帮我管理大家吃午餐。不是都做得很好吗？"我夸奖了这两个孩子。

"首先，你们自己要团结起来，做好兄弟、好朋友，行不行呢？我看平时你们六个人就如一盘散沙，就喜欢互相作对，怼来怼去！"我笑着说。这话可说中了他们的心事，他们互相指点着：××老是与××作对，××老喜欢与××唱反调。

"组成后援团就不能再搞人民内部矛盾了。你们都缺少朋友，现在有这么一个朋友团，不是很好吗？"孩子们开心地伸出右手，一只手一只手地叠放，紧紧地握在一起，"我们都是好兄弟！"他们抱作一团，快乐地说。

我让他们推荐人选并说说自己想担任什么工作：鑫鑫被推荐负责课余制止同学打架、骂人的工作；嘉嘉协助炜炜做好午餐管理工作，他说，他不怕每天晚吃饭；晴晴做午唱管理和上午的眼保健操管理；宇宇做下午的眼保健操管理，顺便协助金老师管体育课的纪律；小松仍做老行当，每天放学前出好小黑板的语文、数学习题，以便老师第二天使用。

"我们是好兄弟，我们以后要为班级争光！"

"我们是好兄弟，我们以后要多帮许老师做事！"

我与孩子们制定出后援团的章程，把这六个来自火星的孤独小王子团结在一起，让他们协助班主任分担一些班级事务，激发他们的班级荣誉感，让他们在完成班级事务的过程中培养对班级的情感。让他们看到自己在班级中的价值，体验付出与得到的愉悦，这是对后进生的精神上的拯救。毕竟，每一个孩子都有做好孩子的愿望。

后援团的组建犹如一剂安慰剂，班主任告诉孩子们"你能行"，再搭建平台，让他们参与班级管理，经常与他们开会谈心，关注后援团里每一个孩子的表现，及时进行奖励和指点。这些原本调皮的孩子在班级中找到了存在感，开始以班级的主人、班主任的助理等标准来要求自己的言行举止，努力学习知识，进步显著。

策略11：约法三章

心理学上的"预期效应"

常听人抱怨：这鬼天，光响雷不下雨。响雷之后必有雨，似乎是天经地义的事情。

人类的智慧正在于能通过现在的事情预料到未来可能发生的事情，这样才有可能未雨绸缪。而这种预期是基于长期以来经验的总结，个体的某种行为是否发生，如果预期结果积极，其行为发生的概率就增大；反之，预期结果消极，行为发生的概率就减小。

如果实际与预期相符，将增强预期的作用力和可信度。反之，如果预期良好，但实际不符，将造成认知的失调，从而改变原先惯有的行为。关于这一点，心理学上有很多实验可以证实。心理学家廷克波1928年做了一个有趣的实验。他以猴子为被试，训练其完成一项辨别任务。实验者首先当着猴子的面把它们喜欢吃的香蕉放入两个带盖子的容器中的某一个，然后用一块木板挡住猴子的视线。之后，让猴子在两者中进行选择，结果发现，猴子具有良好的辨别能力，能准确地从装有香蕉的容器中取得食物。然后实验者再当着猴子的面把香蕉放入容器，再在挡板后面把香蕉取出，换成猴子不喜欢吃的莴苣叶子。猴子显露出惊讶的表情，似乎是"大吃一惊"，它拒绝吃莴苣叶子，并向四周搜索，寻找期望中的香蕉，寻找失败后，甚至非常沮丧地向实验者高声尖叫，大发脾气。

这一实验启发我们，动物和人类的行为不是受他们行为的直接结果影响，而是受他们预期行为的结果支配。

班主任若善于利用预期效应，相信每一个孩子，就能让好的预期发挥出最大作用。

一、封各级助理并签协议

班上学习成绩不够理想的孩子、行为习惯不好的孩子，往往是整个班级中最容易被冷落的孩子，或者因不受重视而默默无闻，或者因不受老师和同学的欢迎而逐渐沦落为边缘分子。对于这些孩子，班主任常感到束手无策。

如何突破这些孩子的发展瓶颈？我觉得可以利用预期效应，给他们封一些助理头衔，让他们参与班级管理，以找到成长的坐标。

我每接一个班，会首先找出班上难管的问题学生或原本默默无闻、成绩较糟糕的学生，先谈心和鼓励，让他们在某些方面有所进步。然后，抓住孩子们的闪光点，在班上大肆表扬，顺便给予"助理"的荣誉称号，比如班主任助理、班长助理、副班长助理、学习委员助理……最后，分派一些班务给他们做，不但解决了一些琐碎班务无人做的问题，还调动了孩子们的积极性。

我不仅给这些孩子"封官"，给他们分派班务，让他们为班级做事，还让他们和我签一份协议。因为这些孩子往往比较懒惰，自我约束能力较差，是学困生和问题学生，签一份协议，有助于孩子的自我约束力的生成。协议书上，我写明这位学生应做到的某些事项，比如认真做回家作业，为班级做事认真负责等。协议书一式三份，一份我留底，一份由孩子张贴在写字桌前，一份由家长保管。这样，当孩子在家表现差劲时，父母责令孩子看看协议书，自然而然会对孩子的行为有一定的约束作用。

【我的案例】

签一份协议

又一个周五,到我批阅孩子们的摘抄本的时间了。我利用空课,一本一本地看。

歪歪扭扭的字,很不整洁。唉,时应双怎么总是这么不认真!我再细细一读,发现他每天摘录的几乎是同一内容!我要求每天摘录四个好词、两个好句。他摘录的四个好词,几乎每天都是"一"字带头,什么"一心一意""一马当先"等,写来写去就这么几个词。摘录的句子都是书本上最简单的那几个句子,什么"早晨,闹钟一响,我就骨碌一下起床"……看得我目瞪口呆。

其实,这种情况并不是第一次出现,以前我也曾批评、教育过他,可他就是不改。

我去教室请来时应双,心平气和地翻开摘抄本,耐心地询问:"你为什么如此对待摘抄?你为什么这么懒?难道找几个好词好句就这么难吗?你爸爸妈妈不是对你管得很严吗?"

我知道这孩子的情况:他是新居民的孩子,来自安徽。一年级入学时,他妈妈在校长室里求了三天,校长才同意他到我班来读书,所以他的爸爸妈妈特别感谢我们学校的领导和老师,对学校工作也特别支持。他们在学习上对他管得很严,尤其是他的妈妈,在家中很强势。可他为什么还是这样呢?

他告诉我,爸爸妈妈管得相当严,从来不让他下楼去玩,他只能一个人坐在窗边做作业,觉得很无聊、很没劲,经常发呆,有时候很懊恼,于是,就在摘抄本上乱写一通,因为这个本子家长从来不检查,只是签个名而已。

"双双,那这样吧,我与你爸爸妈妈联系,让他们每天给你半小时的运动、玩耍时间。你若认真做作业,我就封你为班主任助理。但你必须做到三点。你能行吗?"我与他商量。

"我能行的!"他的头点得如小鸡啄米。

"你先别答应得太快,先听我说说是哪三点。"我对他说。

"第一,一放学马上做作业,晚上6点前把所有的笔头作业全部完成。第二,认真对待每一门功课,每一样作业都要认真完成。第三,把字写端正。"我一条一条地说,他一一点头,向我保证能做到。

我马上动手,拟订了一份协议。

协 议 书

甲方应做到以下三点:

1. 一放学马上做作业,晚上6点前把所有学科的笔头作业完成(复习阶段除外,做作业时间可适当延长,由乙方根据各科作业量定好时间)。

2. 认真对待每一门功课,每一样作业都认真完成。

3. 把字写端正。

乙方负责检查。检查过关,乙方必须给甲方晚饭后至少半小时(半小时到1小时)的运动、娱乐时间。

甲方: 乙方:

时应双看了看协议书,签下了自己的名字。

我马上拨通他爸爸的电话,问他平时是否不给孩子运动、玩耍的时间。我每天给孩子们布置的回家作业就包括半个小时的运动。他爸爸说:"许老师,我怕他下楼一玩耍心就野了,收不回来了。"

"双双爸爸,孩子总归要玩的,每一个人的童年都是在玩中长大的。你想想,你像双双这么大时,若父母不让你玩,你是什么心情?你们逼双双逼得越是紧,他就会如弹簧一般一直绷着,总有一天弹簧会绷断的。"我说。

"双双爸爸，从今天开始，若孩子每天能做到三点，那么你们一定要给孩子运动时间，他还只是10岁的孩子啊。我已经给你们拟订了一份协议，一式三份，让他带回家。你和双双的妈妈过目一下，签好字（爸爸、妈妈都要签），一份由我保管，一份由你们保管，一份由他自己保管。希望你们能给予孩子一定的游戏时间，好吗？"

"好的！谢谢许老师！"孩子的爸爸答应了。

第二天，孩子把签好的协议带来了，我把它张贴在队角的墙上，让全班同学见证他的进步和变化。

此后，时应双对待学习的态度有了明显改变，他的字迹端正，作业认真，成绩也慢慢进步了。他成了我的助理，每天下课的时候，都会来办公室里问我是否需要帮忙。他的笑脸是如此灿烂……

二、提前送出奖励

每一个孩子的进步都是螺旋上升的，改变不可能一蹴而就。诚如教育专家张文质说的，教育是一门慢的艺术。我们做班主任的，要有静等花开的耐心，要学会在不远处静静地等待。

若暂时看不到孩子的进步，不妨提前送出奖励。

我教"红日班"时，班上有个名叫小强的孩子，他习惯性懒惰，不肯做回家作业，也不写作文，生活作文往往只有几行字。正好，我手头有全国性的作文比赛通知。我挑选出他的一篇文章，把他叫到我的办公室，悉心辅导他。经过反复修改，他的作文获得了全国二等奖的好成绩。他妈妈和他都很激动，当天看到荣誉证书就在家校联系本上给我留言，写了1000多字，言辞之中满是对我的谢意。

自此，小强对写作文越来越有信心，他真的成了写作能手。当时，我是抱着死马当作活马医的想法给他提前送上奖励，这样的预期产生了非常好的效果。

班主任们都知道一个"借分"的故事。当一个孩子只考了59分时，一位老师借给他1分，约定下次考试还给老师3倍的分数，这个办法也起到了明显的预期作用。

当孩子停步不前时，我们不妨给他一个提前的奖励。当然这样的提前奖励，不能让孩子看出破绽，要让他看到希望，进而唤醒他的潜能。

三、特殊学生也可任小干部——签署工作责任书

我做班主任从不搞班干部终身制，更愿意采取一学期或一学年轮流制。当然，站在班主任的立场，我也喜欢终身制：只需用心打造一个班干部核心，培养一批品学兼优的班干部，就会省时省力省心。但是，若站在每一位家长的立场上，我又觉得很不公平。每一个孩子都是家庭的百分之一百。我们不妨给这些平凡、平庸甚至落后的孩子一个舞台，这样他们也会给我们带来一份惊喜和精彩。在我任教的班级中，班干部往往一年一轮换。新当选的班委会聘上一届班委为指导老师，指点新任班委的班级管理工作。在我的班主任任期内，每一个孩子都有为班级服务的机会。"红苹果班"我带了三年，表现好的孩子都当过班干部。进入四年级，我大刀阔斧地进行班干部改革：我专门挑选懒惰、学业成绩较差、调皮的十几个男生担任班干部，并让他们签署班干部责任书，让这一拨孩子在享受权利的同时，更明白自己应尽的义务：每隔两周都要进行考评，连续三次考评同学都不认可，自动离职。这一举措得到了家长们的热烈拥护。一学期下来，除了特别调皮的晴晴、鑫鑫、嘉嘉被削职、进步不大外，其他孩子在学业、习惯、遵守纪律方面都有了长足的进步，班风班貌有了明显改善。原本我把所有的

心思都花在这十几个孩子身上,督促他们认真完成回家作业、遵守纪律,现在因为有了工作责任书,家长、孩子、班主任三方齐努力,大部分孩子有了脱胎换骨的表现,我带班也更轻松了。

【我的案例】

桐乡市中山路小学"红苹果班"班干部工作责任书

为进一步培养班干部的工作能力,增强班干部的自我约束能力,使班干部养成遵守纪律的习惯,激发他们的学习兴趣,提高他们的学习成绩,使他们更好地履行班干部的职责,特签订本责任书。

1. 班干部要以班级的集体荣誉为重,带头遵守纪律,尤其是在做眼保健操、午唱、午餐、卫生等方面要起到带头作用,杜绝为班级抹黑、使班级被扣分的现象。

2. 班干部之间杜绝互相攻击、互相诋毁,要团结向上,为建设一个良好的班集体而努力。

3. 认真完成各科作业,成绩达到中等及以上,尽可能跻身班级优秀、良好行列,杜绝进入班级后10名。

4. 认真完成各科的回家作业,字迹端正,杜绝不完成回家作业的情况。

5. 热爱唱歌、热爱运动,积极参加各类班级活动,争取在运动会及各类比赛中夺得好名次,为班级争光。

6. 听从每一位老师的教导,在非班主任所上的课上也要专心听讲,积极发言,尊重老师,多为班级做事,真正做班级的主人。

本责任书规定的内容即班干部的任期目标,请各位班干部努力遵守。每两周,先由班干部自查自评,再由班主任组织同学进行考评。对表现优秀者将进行精神上的奖励;对履行责任差的班干部将责令其改正,效果不明显者将被淘汰。

本责任书一式两份,签订双方各执一份。

桐乡市中山路小学"红苹果班"　　桐乡市中山路小学"红苹果班"
班干部:　　　　　　　　　　　　班主任:

策略12：加设门槛

心理学上的"登门槛效应"

《伊索寓言》中写道：在一个风雨交加的日子里，有个饥寒交迫的穷人来到富人的家门口，对看门的仆人说："你让我进去吧，我在你们的火炉旁烤干衣服就行了！"仆人认为这点要求不算什么，就让他进去了。然后，这个可怜人请求厨娘借给他一口锅，以便让他"煮点石头汤喝"。"石头汤？"厨娘很惊讶，"我倒是想看看你怎样把石头做成汤。"于是她答应了。穷人在路上捡了一块石头，洗净后放进锅里煮，这时他又对厨娘说："可是我总得放点盐吧？"厨娘给了他一些盐，后来又给了一些碎菜叶，甚至一些碎肉末。后来，这个可怜的穷人把石头捞出来，扔到路上，美美地喝了一锅肉汤。

为什么仆人和厨娘都没有拒绝穷人的一再要求呢？这就要用心理学上的"登门槛效应"来解释了。当个体先接受一个小的要求后，为了保持形象的一致性，可能会接受一项重大的、更不合理的要求，这就像让别人登上门槛就可能使其进入室内一样。

美国社会心理学家乔纳森·弗里德曼（Jonathan Freedman）和他的

助手弗雷泽让两个大学生访问郊区的一些家庭主妇。其中一个大学生首先请求家庭主妇将一个小标签贴在窗户上，或在一份关于美化加利福尼亚州或安全驾驶的请愿书上签名，这是一个小的、无害的要求。两周后，另一个大学生再次访问家庭主妇，请求她们在今后的两周时间里在自家院内竖一个呼吁安全驾驶的大招牌，该招牌很不美观，这是一个大要求。结果答应了第一项请求的人中有55%的人接受了该要求。这个实验说明人们都有保持自己形象一致的愿望，一旦表现出助人、合作的言行，即便别人后来的要求有些过分，他们也可能愿意接受。

后来的许多研究也证明了"登门槛效应"的存在。心理学家帕特里西娅·普利纳（Patricia Pliner）和她的助手研究发现，如果直接提出要求，多伦多城郊居民愿意为癌症学会捐款的比例为46%，而如果分两步，前一天先请人们佩戴一枚宣传纪念章（每个参与者都愿意），第二天再请他们捐款，愿意捐款的人数百分比几乎增加了一倍。日本社会心理学家原岗的研究也揭示，若直接到居民区请求家庭主妇给予饮料解渴，要求被接受的比例为45.5%。如果分两步，先提一个较小的要求，然后再提出要喝饮料，则78.5%的家庭主妇愿意提供帮助。

登门槛效应完全适用于班主任管理班级事务。

一、加设最后两排座位的门槛

随着近视的低龄化，再加上家长都希望自己的孩子能坐在离老师近的前三排座位，排座位成了困扰班主任的一件大事。班主任总会接到家长的电话，要求把孩子的座位往前调，后两排的座位无人愿意坐。2019年春节联欢晚会开心麻花表演的小品《占位子》让观众们捧腹大笑，很接地气。家长为了让孩子在教室里坐到一个好位置真的是煞费苦心。在我的班级里，一般都没有这种情况存在。

【我的案例】

最后两排成香饽饽

我接"小水滴班"近一个月，接到家长要求把孩子的座位往前排调的电话无数。我理解家长们的心情，也从没想到，家长会这么在意一个座位。之前在农村小学和城郊接合部小学任教，很少遇见这样的事情。看来，城里的家长分外关注孩子的座位问题。

但最后两排总得有孩子坐吧！那么谁去坐呢？如何操作才能让这两排座位受大家欢迎呢？我想到了登门槛效应。

班会课上，我郑重地告诉孩子们，后两排座位是班级的黄金座位，不是谁都能坐上的。首先必须是班干部，必须是安静的班干部，必须是专心致志地听课的班干部，当然个子也要偏高的。能坐上后两排座位的，得是我班最优秀、最棒的孩子，"风雅少年"的评比将优先考虑这些同学。听到我这么说，孩子们的脸上露出期盼的神色。

谁能来坐这些座位呢？我让孩子们举手表决，我班的哪些班干部（也包括各小组组长和各级助理）是最专注、最用心的孩子。我让孩子们对所有的班干部进行举手投票，一一登记票数，王乐航、吴迪、屠诗颖、胡高佳乐等一批孩子光荣上榜。我们用热烈的掌声祝贺他们光荣入座最后两排。他们喜滋滋地坐在了后两排，其他同学则羡慕地看着他们。

给后两排座位加高了门槛后，孩子们争着坐到后两排，家长打电话要求调座位的就少多了。如果发现坐在后两排的孩子听课不认真、说小话、做小动作，我会找他谈话，让他改正，若效果不理想，我会让他往前坐，找另一个安静听课的孩子来坐。若能坚持一学期不被往前调，评优评先将优先考虑。

孩子们争相往后坐，困扰我很久的难题轻松地解决了。

二、开设"首席座位"

班主任常常会遇见这样的问题：当班级的人数为单数时，谁来坐一人独坐的书桌呢？任何一个孩子去坐，都会有一种形单影只的孤寂感。班主任往往选择让班上最调皮的孩子独自一人就座。其实，让他独自一人坐的时间越长，他对班集体就越容易产生隔阂，心里越孤单，对班集体的杀伤力就越大。

我教"红苹果班"时，有一个名叫嘉嘉的孩子特别调皮、好动，为此，我让他独自一人坐着。谁知，我想尽了办法都不能让他安静下来。有一天，他与我谈心，告诉我，晚上睡觉前想到自己一直没有同桌、很孤单，他甚至会掉眼泪。他的肺腑之言对我的触动很大。后来，我安排了"红苹果班"最安静的女生和他同桌，他反而遵守纪律了。

那么单独的座位谁来坐呢？我开设了"首席座位"，将座位安排在靠窗且最靠近黑板的劣势位置。表现好的孩子可坐一周"首席座位"，脖子上每天挂上值周班长的胸牌，一周内，这个孩子将配合小干部对早读、午餐、做眼保健操进行监督和管理。同时，只要科任老师没有投诉他上课不遵守纪律，就在"雏鹰争章"项目上奖励他两个章。此举大大调动了一些调皮孩子的积极性。座位加设门槛后，学生们反而对这个座位趋之若鹜了。

三、开设个人成长分

每个学期评选"风雅少年""五星标兵"(相当于原来的"三好学生")总是令班主任头疼。我们不能唯成绩论,因为每一次考试总有几匹黑马跃出,总有几个平时成绩稳定的孩子考砸,更有一些行为习惯差、令老师揪心的捣蛋分子凭脑瓜子灵活,期末一努力就进入班级前五名。也不能靠班主任的印象评,那样有失公正和公平。如何做到公正、公平、公开呢?为了使评比"风雅少年"能重过程而非结果,我给"风雅少年"的评比加设了门槛:在班上开设个人成长分(班级财富值),一学期下来,个人成长分在期末评选时,占额为50%。

个人成长分包括以下几项内容。

1. 作业认真分

以我任教的语文课为例:课堂作业和同步练习,每认真做一次就奖一张笑脸(^o^);作业质量差,错得一塌糊涂,就用红笔在本子上画一张哭脸(其实就是在这个笑脸的上面圈几滴眼泪,很容易,也很快)。一张笑脸奖3分,一张哭脸扣2分,一个单元一结算,及时通报家长。学期末算总分,计入个人成长分。其实,学生在语文学科上认真了,对其他的学科也会认真的。这样可以督促孩子认真写作业。

2. 卫生悬赏分

热爱班级的孩子一定会愿意为班级服务。同时加强放学后对抽屉的检查,若抽屉脏乱,一次加扣3分。把每个月的卫生悬赏分累加起来,就是一个学期的卫生悬赏分。(详见"策略5:班务承包")

3. 雏鹰争章分

主要包括遵守纪律和写回家作业这两块内容。每周在小干部自主管理的项目如早读、午餐、做眼保健操、有无戴红领巾这几项内容上,不被小干部记名,就奖励1枚雏鹰章。回家作业若连续10次获得笑脸,也奖1枚雏鹰章。每一枚雏鹰章的分数为5分,学期结束,根据总章数来决定争章分,计入个人成长分。

4. 各类加分

班级所授的奖状为3分,校级比赛(包括运动会)获奖为5分,桐乡市级及以上获奖、习作发表或各类考级证书各计10分。学期末都计入个人成长分。这样可以鼓励孩子学有所长,为班级、为学校争光。

5. 课堂听讲、积极发言分

每节课专心听讲加1分,积极发言加1分。

……

利用班级优化大师[下载一个应用程序(APP)],告诉家长,不用看排名,老师只是为了方便而做一些统计。当然,这上面也可以设置扣分。但老师操作时尽量不要有多的扣分,不然,家长总是来问为什么扣分,也比较麻烦。班级优化大师操作方便,随时随地可以关注,效果比较好。倘若年轻的老师觉得家长来问有点应付不过来,可以自己在纸上记录,一周一统计,但这样相对累一些。

学期结束,按照一学期的个人成长分占比50%,期末的调研分占比50%,两项加起来,就能获得"风雅少年"的资格。这样加设门槛,家长和孩子为了争取评选"风雅少年"的资格,会更关注过程和细节,通过一系列细小目标的实现,最后实现较大的教育目标。

策略13：创意评语

> **心理学上的"互悦效应"**
>
> 世界上最了不起的卖车人约瑟夫·萨缪尔·吉拉德（Joseph Sam Girardi）成功的秘诀就是让顾客喜欢他。为了让顾客喜欢他，他会做一些看上去完全费力不讨好的事情。比如说，每一个节日他会给他的1.3万名顾客每人送一张问候卡片。卡片的内容随季节而变化（新年快乐、情人节快乐、感恩节快乐等），但卡片的封面上写的永远是同一句话："我喜欢你。"用吉拉德的话说："卡片上除此之外就没有别的东西了，我只是想告诉他们我喜欢他们。"吉拉德正是借助这种方式使每年的收入都超过20万美元，创下连续12年"销售第一名"的纪录。他平均每一个工作日卖掉5辆车，被吉尼斯世界纪录称为世界上"最了不起的卖车人"。
>
> 这位成功的推销员深知人们的心理规律：喜爱引起喜爱。人们常说，两情相悦。一般来讲，决定一个人是否喜欢另一个人的最强有力的因素，是另一个人是否喜欢他。大家都希望"被人喜欢"，因此，"喜欢他"和"被他喜欢"互为因果。在社会生活中，我们经常体验到当自己很想被别人喜欢，而那个人也真的喜欢自己的时候，我们就会对那个人更加喜欢。这就是"人际吸引律"之中的"对等性吸引律"。它除了表现在评价态度上，还表现在自我暴露的对等和尊重相容的对等上。同时，由于双方心理上的接近与互相帮助，成了"自己人"，就减少了人际间的摩擦与心理冲突，从而易于建立良好的人际关系。

班主任真诚地表达对学生发自心底的喜欢，除了经常直接对学生说出

"我喜欢你""我欣赏你"之外,还可以在评语中表露出对他的喜欢,如此可建立与学生之间的和谐关系。亲其师,信其道。学生喜欢你,你的班务活动才会开展得有声有色。

著名特级教师李镇西老师说,很多班主任认为写学生评语是一件苦差事,其苦多半不在于写,而在于评语内容空泛、枯燥、乏味。许多班主任写的评语大而空,甚至抄网络上现成的,用在自己班的孩子身上,缺少真情实感;也有的班主任,写评语时一味地赞美,煽情过度,让孩子觉得虚假。

班主任可以换一种方式写评语,在评语之中写出你对学生的喜欢和爱,利用互悦效应拉近你与孩子们的心灵距离,委婉地指出其不足之处,让孩子们在下一个学期更有针对性地努力。

一、寄送"情书"做评语

没有爱就没有教育,都说培养孩子是在心灵上种花,是一个精细活儿。我带"诗翔班"时曾搞过一个"情书工程":利用一个月的业余时间,给班上的每一个孩子写信作为评语,用真心和爱心写成的"情书"包含着我对孩子们真挚的爱,也赢得了孩子们和家长们的好评。

【我的案例】

写给一楠的"情书"

亲爱的一楠:

你好!

此刻,我的面前浮现出了一个阳光又帅气的男孩的身影,那就是你——可爱的一楠同学。每当我想到"一楠"这两个字,我的眼前就浮现出了这样的一幅情景:

一个小男孩站在书桌上,小心翼翼地用抹布擦着电扇,那么认真,那么一丝不苟……

那就是你——一楠,我看到你身上有许多优点,对老师有礼貌,热爱劳动,乐于助人……这些都是难能可贵的。真的,孩子,我为你具有这些美德而感到由衷的高兴!

孩子,在语文、数学的学习上你是否感到有点累呢?我觉得,做作业速度慢是你致命的弱点,不知是你不够专心,还是不会做?每回的作业,你总落在后面,这大大地影响了你取得优异成绩。记住:倘若以后遇见不会做的题目,不要一动不动地待在座位上,握着笔不动,要主动一点儿,问老师,或问同学。你会发现,原来成功离你只有一步之遥。

祝:学习更上一层楼!

许丹红

2006年5月8日

在写信过程中,我十分注意激励的针对性。因为我明白:对不同的学生,激励的方式和效果不会完全一样。即使是对同类学生进行激励,也要因人而异。有的激励是针对思想品德教育的,有的激励是针对某一学科学习的,有的激励是为培养学生的某种能力的,有的激励则是为矫正学生的某一不良行为的。上面写给一楠同学的信就是针对他的学习方法不得当、不能主动探求知识的缺点提出的。这些信架起了师生之间沟通的桥梁,拉近了师生之间的距离。这样的评语,也拉近了与孩子们的心理距离,故他们非常喜欢。

二、送一首符合孩子情况的诗作为评语

带"红日班"时,在六年级的第一个学期,我曾开发了"诗诗皆如花盛开"的课程:我别出心裁地根据班上孩子的特性、禀赋、爱好,给每个孩子编写或改写一首儿童诗,作为评语和礼物送给孩子。比如,我送给品学兼优的学超的评语是这样的(这首诗歌是我自己编写的)——

【我的案例】

     我们爱这样的男孩——送给学超

    一位阳光男孩
    踏实勤奋如黄牛犁地
    他的名字叫学超

    一位俊朗少年
    能干潇洒如玉树临风
    他的名字叫学超

    一位谦谦君子
    谦逊好学如绅士优雅
    他的名字叫学超
    我们爱这样的男孩

    祝愿你如名字
    永远努力学习,超越自我

这位学超同学在我的不断鼓励之下,由我初接班时的班级二十几名,一路飙升,到六年级毕业时已是班级第六名。他后来在初中发展得很好,考入了浙江省重点高中——桐乡高级中学。每逢过年过节,他和他妈妈总是会打来电话或发来信息,话语之中满是对我的谢意,说若没有当初我对他的鼓励,就没有他的崛起。现在他已是一位英语老师了,每年都会来看望我。

又比如,我送给我班学习成绩比较差,成绩排名在后几位的陈华的评语是日本作家金子美玲的诗《我奇怪得不得了》,后面的一段文字是根据我对这个孩子的希望和祝福改写而成。

【我的案例】

开始闪金光——送给陈华

我奇怪得不得了,

从乌云里落下的雨,

怎么会闪着银光?

我奇怪得不得了,

吃的是绿色的桑叶,

怎么会变成白色的蚕宝宝?

我奇怪得不得了,

谁都没有碰过的葫芦花,

怎么会自己"啪"地就开了花?

我奇怪得不得了,

怎么问谁,谁都笑着说,

"那是当然的啦。"

我们奇怪得不得了,

怎么陈华开始闪金光？
怎么问谁，谁都笑着说，
"亲爱的陈华，你好棒啊！"
亲爱的陈华，
祝愿你努力腾飞，灿烂辉煌

尽管读初中后，陈华没有考进理想的学校，也不愿读职高，而是进入了一家中等酒店任大堂经理，但他深得老板的器重和喜欢，事业上也算成功。直到现在他还对我念念不忘，说感谢我当时把那样一首诗作为评语送给他，鼓励他做一个向上之人。

这是我的学生张瑜在读了我送给她的诗歌评语后所写的文章：

> 我反复地吟诵许老师送给我的诗歌，才觉得自己并不是一只丑小鸭，其实我还有许多优点，只是没被我自己发现而已。诗歌的最后一句是"你将来的潜力如神舟飞天"，每每诵起这首诗歌、这句话，我就浑身产生一股强大的力量，对未来充满了美好的憧憬。不知是诗歌给了我鼓励的缘故，还是诗歌给我带来了好运，在第一单元的语文考试中，我竟然进入了前十名，我开心得手舞足蹈。这可是我上小学以来的第一个吉尼斯纪录啊！

独一无二的诗歌评语深深地打动了孩子们的心，滋润了他们的心灵，鼓励着他们向美好的明天迈进！

第三章 卓越班级的家校沟通艺术

心有灵犀,为沟通的最高境界,
卓越班级的家校沟通,
需要班主任的独具匠心。
捧起一颗慧心,
捎上真诚的爱心,
进行爱的投资,
抓典型,以点带面,
心心相印,
携手共同为孩子的今天、明天奏响灿烂的乐章!
……

策略14：开出新意

> **心理学上的"鸡尾酒会效应"**
>
> 鸡尾酒会上总是觥筹交错，人声嘈杂。但是，如果你正专注于和一位富有魅力的小姐交谈，即使周围的噪声很大，你也仍然能听到对方的轻声细语。在这种情况下，周围的人在谈些什么你是听不清的，但假如有人在哪个角落突然叫你的名字，你马上就会警觉起来。有时，你还能听到某个熟人似乎也来到酒会了，会不由自主地朝那个方向看一下。呵呵，你的耳朵似乎能够过滤声音啊！
>
> 在这个鸡尾酒会上，你听到了你要听的话、自己的名字与熟人的声音。

每学年或每学期一次的家长会上，班主任可利用鸡尾酒会效应，让家长不仅仅充当听众和看客的角色。现在的小学家长以"90后"一胎家长和"80后"二胎家长为主，还有个别"70后"二胎家长。大多数家长，尤其是东部沿海经济发达地区的家长的学历都是高中及以上，许多教育理念他们都懂。我的堂妹曾大发感慨："每次去开家长会，听班主任、任课老师发言，我就找个最后面的座位，要么闭目养神，要么往耳朵里塞上耳机听音乐。那些教育理论有什么听头？谁不会说呀？！"其实，这也反映了我们现在的家长会的说教意味重，偏教育理论，没有很好地进入家长的心灵。

开家长会一般逃不了这样的传统模式：一开始由校长或学校的分管领导进行电视讲话，或集中在学校某场地（阶梯教室等地）由领导介绍学校整体办学情况或做一些家教上的理论指导（多为宏观指导）；之后再由各班班主任显神通，多为选取一两位优秀学生的家长介绍经验，然后是班主任和主科科任老师讲话。

这样的家长会无可厚非，但缺少新意和特色，不能很好地吸引家长们的注意。家长会上，班主任若能动一些脑筋，出一些高招，想办法俘获家长们的心，让他们听到想听的内容，一定会取得更理想的效果。

一、制作感恩卡

每一位家长都是带着对自己孩子的期待和关爱兴致勃勃地来到学校参加家长会的，无论孩子的学习成绩是优异还是落后，家长爱孩子的心都是一样的。

每一次开家长会，我都会提前几天让孩子了解到底是爸爸还是妈妈来参加家长会，到了开家长会的那一天，我会专门抽出一节课，让孩子们精心制作一张感恩卡：卡片要由孩子亲手制作，字里行间要表露出对家长的感谢之情，并让他们比一比，看谁的感恩卡制作得最情真意切。

开家长会时，把感恩卡放在孩子所坐座位的桌角，家长一来到教室，首先看到的是孩子写给自己的话，比如："爸爸，我爱您！谢谢您十一年的养育之恩！我将来一定会好好报答您！"又比如："妈妈，您辛苦了！谢谢您今天能来参加家长会。"读到诸如此类表达谢意的文字，家长的心中会溢满激动、幸福和欣慰。

二、坐孩子的座位

开家长会时家长坐在哪里呢？是随便挑一个座位坐吗？每一次开家长会，我都会提早几天，让孩子明确地转告家长自己坐在哪一排的哪一个座位上，开家长会时就让家长坐在孩子的座位上。这样坐，有助于班主任更好地认识每一位家长。比如，有的家长生性不爱与老师打交道，平时与班主任也沟通较少，若让他自己选，他会选一个靠后的座位。坐自己孩子的座位，最大的好处就是让班主任把每一位家长都对上号，对家长认真地听讲、专注地记笔记等也会有督促作用。我所带的班级，每一次开家长会，家长们都听得很认真和专注。

三、设主持人和接待员

每一次开家长会，我都会设两名主持人和一名招待员。主持人一般为一男一女搭档，接待员一般为女生。接待员的任务是引领前来参加家长会的家长签名并准确无误地将其带到自己孩子的座位上并递茶水，让家长有被尊重之感，顺便也培养了孩子的接待能力。

学校领导讲话结束后，就该主持人上场了。整个流程全都预设好，由主持人调控，包括班主任讲话，也由主持人请出场，给家长一种很隆重、很正式的感觉。尤其是主持人的家长，会感到分外开心和激动。而别的家长见识到班上孩子的能力，也会与自己的孩子有个对照。当然主持人应该从平时就注重训练，不能随便找一个学生担任。

不要以为农村学校培养不出主持人，只要班主任有心，平时多给孩子机会，孩子的表现一点儿也不比城里孩子差。我在桐乡市中山路小学带"红苹果班"时，从二年级开始，家长会就由班上的孩子主持，陈思豪和钱怡笑主持得像模像样，赢得了家长的一致好评。这两个孩子都是农村孩子，因为平时训练有素，他们主持起来从容自若，很有大家风范。

四、家长代表、学生代表发言

家长会最好不要成为教师一言堂,若能安排几名学生代表和家长代表发言,更能引起家长共鸣。一次家长会,一般以安排2~4名学生代表发言为宜,包括优秀学生代表和进步学生代表进行经验介绍,可让孩子简单说一说平时如何努力学习、如何高效学习等。时间不必长,3分钟左右即可。班主任可先与家长沟通,告诉家长:"您的孩子因为表现优秀或进步很快,所以才被安排到家长会上发言。"听到班主任如此说,家长都会很开心,孩子回家写稿件时家长也能重视并乐意指点。当然,发言稿还需班主任把关,必要时可帮助修改。稿件过关了,还要指点孩子朗读,督促孩子每天对着镜子练习。确保上场的孩子都能做到落落大方、有条不紊,让家长感觉上台的孩子是出类拔萃、气度不凡的。尤其是作为进步学生代表发言的孩子,班主任更应该每天抽出时间手把手地指导,包括朗读口气、姿态等。这样给孩子表现自我的良机,能唤醒孩子的潜能。若学校对家长会来校的孩子有所限制,那么可以让家长在家帮助孩子录制好视频,再在家长会上播放,效果也一样好。

优秀家长代表发言一般以2~3位家长为宜,不要总让优秀学生的家长发言,而要给更多的家长发言机会。当然有的家长很客气,会推托,这时班主任的邀请词至关重要,要告诉家长:"今天轮到您发言,是您的孩子在学校表现优异或大有进步的缘故,您的发言会让您的孩子感到自信,是对孩子很好的鼓励。"有了这样的理由,很少有家长会推托。记得带"小水滴班"时,我让小昊的妈妈发言,她一直推托,不愿意。我告诉她:"因为孩子越来越棒了,你才有机会发言。妈妈的发言是对孩子最好的鼓励。"听我这么一说,她答应了。她在台上说:"从一年级到现在,我一直是个观众。本来也不想发言,觉得孩子也不是那么优秀,但听许老师说,你上来发言就是对孩子最好的鼓励,所以我今天站在了这里……"

五、穿插进步孩子献歌的视频或孩子表演才艺的视频

为了让家长会吸引更多的家长,可适当穿插一些进步孩子献歌的视频或有才艺孩子的表演视频。最让家长激动的莫过于孩子的进步。在"小水滴班"开家长会时,我事先拍了视频。原本他们来参加家长会是有些忐忑不安的。看到这样的视频,看到老师如此鼓励孩子,他们怎能不激动和兴奋呢?

当然,家长会上也可以穿插一些班上的孩子表演拉丁舞、敲爵士鼓等节目,让家长们对孩子们有一个立体全面的了解。

【我的案例】

北港小学"小水滴班"家长会流程安排

主持人:胡高佳乐 蒋蓓逸

课件制作:胡高佳乐

一、观看视频:全班学生朗诵班诗《愿望》

二、好习惯学生代表发言

1. 王乐航

2. 吴迪

3. 屠诗颖

4. 陆冰媛

三、视频:进步学生代表献歌给爸爸妈妈

四、好习惯学生的家长代表发言

1. 朱晗捷家长
2. 李晨晔家长
3. 徐一尘家长
4. 陈宇修家长

五、班主任许丹红老师发言

六、全体家长和在场的学生一起唱班歌《小小水滴》

教室美化：蒋蓓逸妈妈

摄像：胡高佳乐爸爸（待定）

摄影：屠诗颖爸爸

新浪博客图文发布：屠诗颖爸爸

这样的家长会新颖别致，家长看到了想看的东西，听到了喜欢听的声音。第二天，我收到了许多家长的表扬信息，说这样的家长会很新颖、很成功，甚至有家长要我发言时的课件，说还想仔细看一下。

有这样一个故事：

  一把坚实的大锁挂在大门上，一根铁杆费了九牛二虎之力还是无法将它撬开。钥匙来了，它瘦小的身子钻进锁孔，只轻轻一转，大锁就"啪"的一声打开了。铁杆好奇地问："为什么我费了那么大力气也打不开，而你却轻而易举地就把它打开了呢？"钥匙说："因为我最了解它的心。"

  每个人的心都像一把锁，再粗的铁杆也撬不开。唯有关怀，才能把自己变成一把细腻的"钥匙"，开启人的心锁。

家长会若能开得别出心裁，开出新意，把更多的孩子和家长推向前台，教师的声音就会成为大家耳朵里过滤不掉的声音，这样家长会才能取得成效。

策略15：典型突围

心理学上的"从众心理"

曾参至孝至仁，他的母亲对儿子极为了解。有同名同姓的另一个曾参杀了人，有人跑来告诉曾参的母亲："曾参杀人了。"其母不信。过了一会儿，又跑来一个人，说曾参杀人了。其母将信将疑。又有第三个人跑来告诉曾参的母亲说："曾参杀人了。"话音未落，曾母已经翻过墙头避开了。

曾母为什么最终相信儿子杀了人？有一个成语叫"三人成虎"，意思是说，有三个人谎报集市上有老虎，听者就信以为真。人们在社会群体中容易不加分析地接受大多数人认同的观点或行为的心理倾向被称为从众心理。

美国社会心理学家所罗门·阿希（Solomon Asch，1907—1996）于1951年曾经做过一个有关从众问题的实验。实验材料是18对卡片，每对卡片左边的一张画有一条线段，右边的画有三条不同长度的线段，其中一条同左边卡片上的线段等长。

参加实验的人坐在一群阿希找来的"托儿"当中，辨认哪两条线段一样长。在正常情况下，绝大多数人都能做出正确的判断，错误率小于1%。但是，当"托儿"们纷纷做出错误的判断时（这是阿希安排的），参加实验的人就开始犹豫不决，怀疑自己的判断了。

在一次实验后，阿希访问了那些从众的人，了解他们当时的想法。有的人说："我看到别人怎样讲，自己也就怎样讲，有几次我觉得不对，但别人都这么说了，我也就跟着讲。"也有的人说："刚开始我坚持，后来看大

> 家讲的都与我不一样,我就怀疑自己的眼睛有问题,认为自己是错的,所以就随大流了。"还有的人说:"刚开始我相信自己是对的,后来发现只有我一个人与别人不同,于是就从众了。"

从众心理是人的一种正常心理。当个体的行为与众不同时,就会感到群体的压力;当个体的行为与别人一致时,就会产生"没有错"的安全感。于是许多人都采取了与群体内多数人保持一致意见的做法。

一位资深教育者说,孩子之间的竞争其实是家长之间的竞争。此话说得一点不错。我工作的前20年在农村,我深刻地感受到:要想把孩子教育好,单靠老师、学校的力量是不够的。孩子能否有好的发展,与孩子的家庭教育,尤其是家长对孩子的品质、学业、态度等的关注程度关系极大。许多农村家长放任孩子,对孩子的学习不管不问,认为让孩子吃好穿暖就行,孩子能否读好书靠的是天赋,孩子读书是学校的事。

如何让这样的家长转变观念呢?班主任可利用家长的从众心理,先树立家长中的榜样,让原本对孩子的教育漠然的家长受到触动和影响,进而带动他们关注孩子的学习。

一、树立优秀家长的典型

其实,一个班级,无论是处于偏远农村还是乡镇中心抑或城郊接合部,总有那么几位很重视孩子的教育、对孩子的成长倾注无限心血的家长。班主任要有一双观察入微的眼睛,拥有一颗敏感细腻的心。平时要多与孩子们谈心,多观察孩子的回家作业本,多与班上的家长联系沟通,找出班上的若干位典型的优秀家长,进行适当宣传和推广,让别的家长与这些家长进行对照,这样其他的家长不知不觉地就会受到影响。

【我的案例】

感动"红日班"首席好妈妈

带"红日班"时,班里的玉强是一个习惯性懒惰的孩子,他几乎每天都不做回家作业,即使做了也写得歪来扭去的。我多次找他爸爸妈妈联系与沟通,均毫无效果。后来,我任命玉强为提高组组长,让他收发本子,再用发送喜报的方式让家长初尝成功的喜悦。渐渐地,玉强的妈妈开始关注孩子的学习了。家长会后,她等其他家长都走了才与我谈话。她告诉我,孩子每天做作业要做到晚上9点多。我让玉强的妈妈每天在家校联系本上记录孩子做好回家作业的时间以及表现,第二天我好有针对性地找孩子谈话,我还给玉强妈妈提了一些建议。就这样,我和玉强妈妈每天在家校本上沟通。她说,我是她做家长以来遇到的第一个负责任的老师。一来二去,我了解到她视力很差,每天带孩子做作业很不容易。

了解到这些信息,我特别感动。我把玉强妈妈的事迹用一封信《感动红日首席好妈妈》向全班孩子和家长隆重推出——

感动红日首席好妈妈

家长朋友:

您好!

不知那本《做最好的家长》您读得怎么样?我知道,没买书的十来位家长,内心也很重视孩子的教育,只是有的因文化程度低、有的因工作忙、有的因经济条件不允许而没买。我能理解,没关系的,倘若别的家长已读完,您可以借阅。教育孩子不是一朝一夕之事,每天进步一点点,学习一点点,您就在收获,就在前进,跟着受益的是您的孩子。

这段时间,我的心一直被一位妈妈的行为温暖着、感动着。

这位妈妈，这位有两个孩子、已 40 多岁的妈妈，白天和爱人一起在工地上做小工，回家后还要忙着做饭、洗衣。她戴着 2500 多度的近视眼镜，每晚在昏黄的灯光下，与孩子一起读书，检查孩子的作业，并在家校联系本上记录孩子在家的表现及完成回家作业的时间，每天都与我进行文字、心灵的交流。那需要付出多少艰辛和努力？家长朋友，您想象得出吗？每天早上，当我读到这个孩子的家长联系本时，看着本子上端正漂亮的字迹，读着家长发自肺腑的话语，我的心很不平静，我被深深地打动了。

家长朋友，让我们向这位好妈妈——朱小凤，献上最崇高的敬意吧！一分耕耘，一分收获。玉强妈妈用她扎实的行动、真心的付出督促孩子取得了进步：孩子的作业不再拖拉，作文写得流畅了……

家长朋友，与她比起来，您还有什么克服不了的困难呢？还有什么理由放任您的孩子呢？正如玉强妈妈所说："许老师再怎么希望孩子进步，也比不上家长对孩子的期望。"的确是这样。两年后，我就不教您的孩子了，而孩子是您一生的牵绊，孩子的幸福成长是您全家的幸福啊！正如李镇西老师所说——从某种意义上说，师爱比母爱更伟大，因为教师和学生没有半点血缘关系，而家长对孩子的爱更多的源于亲情。我对您孩子的期待，纯粹是出于一种职业道德和职业良知。让每一个孩子健康成长，是我这个班主任的愿望，而这一愿望的实现，必须靠每一位家长配合；否则，再优秀的教师也不可能一厢情愿地培养出优秀的学生。

家长朋友，别找借口，行动起来吧，为了您的孩子，与孩子一起学习、一起读书吧！当我和您的关系转变为同事关系，当我与您一起努力时，您的孩子才会爆发出无穷的力量，轻松地爬上学习的陡坡，享受学习的乐趣、成长的快乐！

本次建议：

1. 读完《爱的教育》，本周，请您与孩子一起读《夏洛的网》，一起填写红日静心卡。

2. 帮助孩子延长集中注意力时间的最好方式是与他一对一地相处，这也是最好的教育方式。哈佛大学的心理学家杰罗姆·卡根研究如何改善有学习困难的孩子的语言问题时发现，一对一教学对帮助孩子集中注意力特别有效。他指出，读故事给孩子听，并留意他们听故事时的反应，可以带来许多好处。他强调，如果可能，家长最好给每个孩子单独读故事。

3. 面对孩子考试考砸，请放平您的心态。打骂是最愚蠢、最不负责任的方式。静下心来，温柔地与孩子分析错误的原因，并有针对性地帮助孩子，这样才能走进孩子的心灵。

4. 每天记录两个时间——做作业时间和看课外书时间。一定要由家长亲自记录。看课外书的时间，您要落实。现在班级里孩子的阅读能力悬殊，与您一直以来的不重视有关。与孩子一起读他喜欢的课外书，用您的爱读来激发他的爱读。

5. 请您扪心自问：当孩子做作业时，我是否在搓麻将？我是否在看电视？我给孩子做好榜样了吗？

6. 请您重视孩子的日记（一周3篇），老师引路，家长铺路，孩子才能上路。

祝：合家欢乐！

您的朋友：许丹红

2006年11月10日夜

这样的一封信像在家长们中间扔下了一枚炸弹,家长纷纷留言:与玉强的妈妈比起来,我还有什么理由来为自己的不负责任推托呢?我以前觉得,自己上了一天班已经很累了,孩子读书靠的是天赋,我为什么要管孩子的作业呢?与玉强妈妈比起来,我太惭愧了。

二、在各种场合宣传优秀家长

家长会上邀请优秀家长发言,让优秀家长的言行、理念对班上的其他家长造成影响;在孩子们面前表扬优秀家长,让孩子们回家后在家长面前流露出对拥有优秀家长的同学的艳羡,由此触动家长的心灵;给全体家长写信,介绍优秀家长的具体做法,让家长们明白优秀的家长平时如何做;给漠然的家长发孩子进步的喜报,让家长对孩子有所期待,进而开始关注孩子的学习;邀请优秀家长参与班级活动……如此,由于从众心理,优秀家长可以带动全体家长一起进步。

【**我的案例**】

给家长的一封信——"红日班"两大楷模家长

家长朋友:

很感谢您对我工作的支持!好多家长的反馈写得非常认真,特别是姜伊凡妈妈、方历妈妈、刘学超妈妈、陆志宏爸爸、朱玉强妈妈、钱正芳妈妈、姚凯洁妈妈、石振涛家长、刘越峰妈妈、田家福妈妈,都洋洋洒洒地写了好多字,令我感动。还有许多家长也留了言。很感谢您认真读完我的信,并认真填写了反馈表,让我对每个孩子的在家情况有了初步了解。虽然给您写信占用了我大量的业余休息时间,但倘若真正对您有所帮助,能使您的孩子有所进步,那么我再辛苦也是值得的。

从反馈情况来看，好多家长已经有了重视孩子教育的意识。相对来说，来自村小的学生家长的重视程度比原来中心校三个班的家长要弱一点，任其自然的较多，在教育上投入的资金也少得多。我相信，随着我与您接触的深入，随着您对别的家长的了解，您肯定会有所改善的。

我与孩子们接触已有两周，看到孩子们有了很大的变化，特别是朱玉强、石振涛、刘学超、卢秋阳、王利金、胡伟杰、陈华等孩子进步很快，我很为这些孩子的家长感到高兴。孩子的学习是一个爬坡的过程，很辛苦，一旦上了路，您和我都会感觉轻松。有的家长在反馈表上写道：课外阅读对孩子的成长没什么帮助，读好课内的书就可以了（当然，有一部分老师也这么认为）。您知道吗？读好课内的书固然重要，但那只是孩子的眼前利益。著名特级教师于永正说："一个喜欢读书的孩子，可能不一定考第一名，可他一定是最有发展潜力的孩子。"

今天，我向您介绍两位非常优秀、非常称职的家长：姜伊凡妈妈和陆志宏爸爸。姜伊凡和陆志宏这两个孩子品学兼优（相信您从孩子的口中早已对他们有所了解），分别是我们班的正、副班长。先来说说陆志宏吧，他能背诵唐诗100首、宋词96首，他德才兼备，各门功课发展均衡，关键的一点是，他非常喜欢读课外书，一个学期看课外书达30多本，他家里的藏书也特别多。每一个优秀的孩子都离不开优秀的家长，陆志宏能背诵这么多的经典，他爸爸功不可没。他爸爸与他一起背诗词，一起读书，以自己的行动为孩子做出了良好的榜样。

再来说姜伊凡吧，她全面发展，学习成绩优秀，组织管理能力强，语感好，朗读水平高，课外书读得特别多，有多篇文章在国家级报刊上发表和获奖，现场作文比赛荣获桐乡市三等奖。姜伊凡的优秀离不开她妈妈对她的悉心培养。姜伊凡的妈妈是一位幼儿园教师，她自身很注重学习，平时喜欢读书看报，很少看电视，给孩子树立了很好的榜样。她经常与孩子谈心，与孩子一起学习，经常鼓励孩子，注重孩子的精神生活，给孩子的健康茁壮成长创造了非常好的环境。

不知听了我的介绍后您的心里有什么想法。我在想：倘若每一位家长都愿意为孩子如此付出，那么每个孩子都会非常优秀，至少不会差到哪里去！毕竟，孩子能否成才，学校只起到三分之一的作用，关键还是看家庭，要看家长是否愿意为孩子付出。我相信：越来越多的家长会向这两位家长看齐，而我们"红日班"的孩子都会变得更加优秀！

本次建议：

1. 多引导孩子阅读。阅读的好处：读得越多，理解力越强；理解力越强，就越喜欢读，就读得越多。读得越多，知道得越多；知道得越多，就越聪明。

2. 认真记录好孩子的家校联系本的四个时间：看书时间、看电视时间、做家务时间、体育运动时间。要让您的孩子学做家务、爱运动。身体健康最重要，孝顺也重要，提高孩子的整体素质比考高分更有价值。

3. 主动检查孩子的回家作业，不要等孩子来让你签字才匆匆地签。

4. 每天与孩子一起读《爱的教育》，若不识字，让孩子读给您听。然后可以讨论。您会发现："一家人在一起朗读、讨论，是一件多么美妙的事！"

5. 记住：与孩子交流时、说话时请温柔一点儿。鼓励永远比批评更有效。

祝：合家欢乐！

您的朋友：许丹红

2006年9月23日

带"红日班"时，五年级一个学年，我共给家长写了15封信，这是第三封信。在这封信中，我不厌其烦地列举有进步孩子的名字，罗列渐渐跟上来的家长的名字，希望全班家长能产生从众心理：这么多的家长已经开始行动了,我怎么可以落后呢?我也要跟上。两位楷模家长的优秀事迹我用了大量的文字来描写,让其他家长知道好家长是如何做的,在对照自己的行为时更有的放矢。事实证明这种与家长沟通的方式的有效性。在我的带动下,"红日班"的家长们分外重视孩子的教育,家长陪伴孩子一起阅读,家庭文化氛围增强,孩子和家长的学习热情高涨,只用了一个学期,班级的语文成绩就从原本年级最后一名一举上升为年级第一名。一年后,"红日班"四门主科的成绩进入全年级前列,成了全校闻名的优秀班级。

策略16:开沟挖渠

心理学上的"霍桑效应"

霍桑是20世纪20年代美国芝加哥城郊外一家制造电话交换机的工厂。这个工厂的设备先进,具备良好的医疗制度和养老制度等,还设有娱乐设施,但是工人们仍然愤愤不平,生产效率长期低下,达不到理想的状态。美国国家研究委员会于1924年11月组织了一个有心理学家参与的多方面专家研究小组,以研究工作条件与工作效率的关系以及社会因素与生产效率的关系为目的,在该厂开展了一系列实验研究。研究初期并没有取得进展,后来,工厂增加了车间照明,调整了工间休息等,工人的生产效率稳步提高。

分析发现,致使生产效率提高的真正原因是参加实验的工人在精神方面发生了巨大变化,觉得受到了重视。在进行的一系列实验中,有个谈话实验——用两年多的时间,专家们找工人个别谈话达两万余次。规定在

> 谈话过程中，要耐心倾听工人对工厂的各种意见和不满，并做详细记录；对工人的不满不准反驳。工人在谈话实验中将长期以来对工厂的各种管理制度的不满发泄出来，从而感到心情舒畅，干劲倍增，生产效率得到了提高。

霍桑效应不仅适合孩子，也适合家长。班主任可以好好利用霍桑效应，提高家长的积极性，让他们觉得受到班主任的重视，进而对孩子更负责，更愿意付出。提高了家长的家庭教育素养，孩子们能不进步吗？

教师忙，忙在哪里？备课？批改？补差？每个一线教师都有深刻的体会，最消耗时间和精力的不是备课、批改，而是孩子没在家中认真完成作业，需在老师的监管下才能完成，"老账新账"一起来，孩子忙碌不已，老师更费劲。老师和家长一人兼，能不忙吗？苏霍姆林斯基说："为什么教师没有自由支配的时间呢？原因很多。我认为，最主要的是，由于家长的教育素养很低和缺乏责任心，教师就往往不得不承担本来应该由家长承担的义务。"现在在"双减"背景下，建议老师们顺应大势，少布置一些回家作业，减少一些机械抄写的作业。当然，进入中高年级，一些必要的书面作业也是需要的，但一定要控制作业的量。

什么样的家庭教育出什么样的孩子。通常家长素质高的、家庭教育良好的孩子，即使资质一般，其品德、成绩也无须多操心。所以苏霍姆林斯基非常重视家长工作，目的是使家长成为孩子最早的教育者和启蒙老师，在他们的监督下，孩子不致养成懒惰和闲散的习惯。

当然，以现在我国的国情和学校的条件，我们不可能给刚结婚的新人指导怎么教育孩子，让幼儿提早来学校参观，然而，通过多年来的摸索实践，我认为调动家长的积极性还是可行的，能取得事半功倍的效果。

一、定时写信，进行系统干预

现在的社会，竞争激烈，优胜劣汰，即使是文化素质低的家长，也都能意识到读书的重要性，只是他们不知道该怎么教育孩子。他们看的书少，对孩子放任自流，孩子要什么就买什么。孩子在幼儿时期就养成了霸道、懒惰的坏毛病，一旦入学了，再想管教时，孩子的任性往往令家长束手无策。记得班上的一位家长曾悄悄地对我说："老师，我家的孩子特别犟，有次他不乖，我们让他别吃晚饭了。他就坚持到9点多也不吃；有次让他别睡觉了，他就站在卫生间里，劝他也不睡；有天让他别回家了，他就站在门外的墙角，一声不吭，把我们吓坏了。他只听得进好话。"这话让我大吃一惊。一个不到10岁的孩子竟然厉害到如此地步，难怪我一次次地对他的家长说"他的回家作业字写得不好，请让他写好一点儿"，可毫无作用。我对家长说："他是抓住家长的弱点了。"正如王晓春老师所言，现在有相当一部分孩子在家属于失控状态。

怎么提高家长的教育素养呢？怎么指导家长进行系统的干预呢？一个非常有效的方法是定时给家长写信，指导家长该怎么教育孩子。老师们非常熟悉的薛瑞萍老师、常丽华老师在给家长写信、写便条上做得相当到位。在信中，可以把卢梭的"自然教育法"、陶行知的"爱的教育法"、朱永新的"鼓励自信法"等传授给家长，让家长能理智地爱孩子，同时告诫家长不要总盯着孩子的成绩。我在带"红日班"时给家长写过15封信，进行了家庭教育的系统干预，取得了明显效果。

班主任平时要加强与孩子的交流与沟通，努力引导家长创设"书香家庭"，让他们与孩子一起背经典诗词，创设良好的家庭教育氛围，进而提高家长的教育素养。

二、多元激励，及时报喜

我曾经看到过一篇反映家长心声的文章："最怕老师来电话，最怕老师来家访，最怕老师邀请到校。"很多老师在孩子有了这样那样的错误或成绩落后时，才急忙与家长联系"告状"，使得家长一听到老师的声音就恐慌。

望子成龙，盼女成凤，谁不希望自己的孩子受老师赏识呢？我曾听说：某学生学习不好，放学后总被老师留下补课。某天老师请来了家长，把情况说给孩子的妈妈听，希望家长能在家多教导。孩子的妈妈竟然说："老师，他学习是不行的，你就原谅他好了。"家长的素质固然不高，但换个角度分析一下，家长这样说，是否也因我们的教育让家长对孩子失去了信心呢？试想，有谁甘心承认自己的孩子不如别人呢？是否我们的教育让弱势孩子体验成功的机会太少了呢？

1. 及时发微信喜报

越是弱势孩子，越可能是家庭教育有问题，越需要鼓励孩子和家长，有时就是因为孩子一直品尝不到成功的喜悦，孩子和家长都灰心了。每个孩子都有其闪光点，班主任要抓住它反复表扬。看到孩子的细微进步，就利用现代通信设备及时给家长发送"信息喜报"，让家长看见孩子的进步，促使其耐心教育孩子、重视孩子的学习，这样既便捷，又温馨。如此，能使家长体会到老师的爱心，增强家长督促孩子的责任心。

2. 颁发"好家长"表扬证书

根据孩子回家作业的质量、在校表现，定期给家长颁发"好家长"表扬证书。"好家长"的荣誉会促使家长增强责任心，同时家长看到自己的努力得到了认可，成就感会督促他们反思而更加努力。我颁发第一批"好家长"表扬证书后曾收到过洋洋洒洒的回信。小涛妈妈说因工作繁忙，对孩子的教育不够尽心，感到愧疚。在以后的日子里，家长会更努力、更科学地督促孩子。我班有个孩子学习成绩一直不好，他妈妈也经常指点，可孩子的成绩就是不如意。那天，他妈妈收到了"好家长"表扬证书，孩子告诉我，妈妈特别开心，指导他写回家作业时笑眯眯的。

3. 按时颁发"最称职家长"荣誉证书

给按时按量完成回家作业的、每次课外作业都认真书写的、没有忘带过东西的、有着良好习惯的学生的家长发"最称职家长"荣誉证书。一月一发，让家长看到努力的成效，督促孩子及时改正不良的习惯。学校和家庭双管齐下，培养孩子良好的习惯。

4. 及时发"喜报"

当孩子取得了荣誉后，及时向家长发喜报，表示祝贺。特别是一些懒惰的男孩，好不容易取得一点成绩，若及时给家长发喜报，对其以后的学习会有很大的促进作用。

苏霍姆林斯基说："教师最细致、最艰巨的任务之一，就是爱护并发展孩子的自尊感，不应当让孩子的劳动成为徒劳无益的事。"

优秀教师还应该爱护并发展家长的自尊感，让他们也和孩子一起体验成功的喜悦。

喜　　报

_____家长：

　　恭喜您！您的孩子已顺利背出第二轮古诗。迄今为止，孩子已背诵古诗60首。这是一个培养意志力、增强耐挫力、战胜自我、提高记忆力的过程。

　　这喜人的成绩离不开孩子自身的勤奋，更离不开家长的督促鼓励。在为孩子高兴的同时，更对您的配合表示衷心的感谢！

　　请一如既往地支持配合，争取让孩子早日背出第三轮古诗，达到一学期会背100首古诗的新高度！

　　特此报喜！

班主任：许丹红
12月5日

策略17：融入其中

心理学上的"自己人效应"

"很高兴见到你，请问你是什么地方的人？"

"××的。"

"我也是！你是哪所学校毕业的？"

"××××大学。"

"我也是！哪一届呀？"

"××届。"

"我也是！太好了，咱们既是老乡，又是校友，还是同届呢！"

"好啊！"

"请你帮个忙，好吗？"

"行啊，自己人，什么都好说。"

两人初次见面，少不了询问籍贯、学业之类的问题，或许能认个老乡、校友什么的，与对方套套近乎，拉近心理距离，尽量让对方把你当自己人。这样，让对方做点事、说点话就容易多了。实际上，你在不知不觉中应用了自己人效应。在人际交往中，如果双方关系良好，那么一方就更容易接受另一方的某些观点、立场，甚至对对方提出的过分要求也难以拒绝。例如，同样一个观点，如果是自己喜欢的人说出的，接受起来既快又容易；但如果是自己讨厌的人说出的，则会本能地加以抵制。是自己人，什么都好说；不是自己人，一切就按规矩来。

美国的一家玻璃器皿公司宁愿放弃零售商店，而采用家庭聚会的方式推销，结果其每天的销售额超过了250万美元。看看他们巧妙的促销手

> 段：聚会主人召集一些朋友，满面春风地与大家聊天，为大家端茶送水，然后不失时机地要求大家购买产品。尽管大家都知道，从卖掉的每一件东西里，主人可以分得一定的利润，但在聚会的环境下，大家因为与主人的友谊而滋生温情、安全感，并对产品产生好感，会心甘情愿地购买。有时，这种友谊造成的压力使人们觉得自己非买不可。

班主任平时在与家长的沟通中，应杜绝高高在上的心理，态度尽可能诚恳与委婉，用商量的口吻，真诚地与家长交流。要使家长接受我们的观点、评价、态度甚至要求，班主任必须与对方保持一种平等的关系。许多时候，我们觉得自己是老师，比家长高明，与家长电话沟通或请家长来办公室时盛气凌人，家长可能表面上对老师唯唯诺诺，实际上已滋生厌倦感。常有老师接电话时碰到家长不敬的回话，其实，我们也要反思一下：与家长交流时，能否站在家长的立场上，急家长之所急，为孩子着想。

一、建立班级家委会

班级家委会是家长群体的核心，是家长组织活动、发出心声、彼此沟通的桥梁，家委会是为了更好地为班级和孩子们服务。

每接一个班，我都会成立班级家委会，一般家委会的核心成员有6~8人，全班的家长都为家委会成员。在自愿的基础上，挑选一批热情、愿为班级做事、能干的家长为家委会的核心成员，会长的号召力最好能强一些，再设置组织委员、策划委员、经审委员等，给这些核心会员做好分工。

"鸿鹄班"第一届家委会名单

会长兼校委会会员：朱钱昕玥爸爸

秘书长：高熙雯妈妈

外联委员：唐翌展妈妈

沟通委员：缪漪静妈妈

活动委员：陈铭佳妈妈　魏辰高辰爸爸

财务委员：贾斐斐妈妈

这是我带"鸿鹄班"一到三年级时的家委会设置，主要设置了会长、秘书长、外联委员、沟通委员、活动委员和财务委员，共六个岗位。这也是基本版的家委会。会长是家委会的主要负责人；秘书长是会长的协助者；外联委员负责班级活动与外界的联系；沟通委员架设沟通之桥，加强学校与家长之间的联系；活动委员负责班级活动的策划和开展；财务委员管理班级经费。大家是一个团队，互相合作，互相配合。到了四年级，班级成了56人的大班，7个人的家委会团队实在不能满足班级日益发展的需要，于是我们重新通过竞选组建了加强版的家委会。

"鸿鹄班"第二届家委会名单

会长：朱钱昕玥爸爸

副会长：高熙雯妈妈

秘书长：唐翌展妈妈

财务部长：贾斐斐妈妈

公关部：沈丹宁爸爸（部长）

　　　　魏高辰爸爸　徐逸航妈妈　李赞爸爸

策划宣传部：黄佑宸妈妈（部长）

　　　　缪漪静妈妈　章佳一妈妈　易子昕妈妈

劳动采购部：沈佳烨妈妈（部长）

　　　　陈铭佳妈妈　　张洪翊妈妈

　　加强版的家委会，增加了副会长、公关部、策划宣传部、劳动采购部，设置更科学、合理。

二、定期开展一些活动

　　在家委会的组织策划下，班级可定期搞一些活动，例如：每年年末的聚餐和表演活动、学生10周岁的集体庆典、野外烧烤活动、外出参观、春游、秋游等。活动前，家委会要有详细的计划，尤其是安全工作要有预案，分好小组，核心成员为小组的组长，每一个参加活动的孩子至少有一位家长陪同，确保安全。当然活动不宜组织过多，每学期1～2次即可；活动的时间不宜过长，一天即可。随着家委会组织能力的增强和孩子们年龄的增长，高年级也可组织一些2～3天的中长途旅游。活动促进了家长和老师的相互了解，增进了友谊，彼此之间变得更熟悉和亲切。自己人效应让家长对老师的工作更支持和配合，由于平时关系融洽，若老师的工作有什么不足之处，家长也会多包容。

　　我带了"鸿鹄班"四年，在家委会的精心策划下，我们每一个学年必开展一次大型活动。一年级在桐乡市道德馆的迎新诵读活动，二年级的孝亲才艺展示，三年级的10岁生日庆典，四年级的热爱祖国经典诵读，每一次活动从场地布置到课件制作，再到每一个孩子上台表演，都由家委会策划。活动精彩纷呈，得到了全体家长及每位参会老师的盛赞，更是给孩子们留下了美好的回忆。

三、邀请家长参加班会活动

家长对班级和班上的孩子了解得越多，参与班级活动越多，就越对班级充满感情，越重视和关注自己的孩子。

我经常发一些邀请书，让有进步的孩子的家长来参加班会活动，比如："三八"妇女节，我邀请班上有进步的孩子的妈妈来参加班级大联欢，进行亲子表演；迎新年活动，我邀请有进步的孩子的家长观看孩子们自编自导的节目，并让这些孩子的家长说一说孩子最近在家的表现。我带"红日班"时，有几个孩子的妈妈在台上讲着讲着就情不自禁地流泪了。原本父母看不到这些在村小上学的孩子的进步，耳朵里听到的都是老师对孩子的灰色评价，因此对孩子几乎失去了信心。现在孩子进步很快，家长被邀请参加活动，该是何等激动和幸福啊！从家长对教师的感谢中我看到，这样的活动是有价值、有意义的。许多时候，家长对孩子的学习漠不关心，是因为他已对孩子失去了信心。

四、开设家校互动日

我带"诗翔班"时，曾开设了"家校互动日"。我每周邀请2～4位家长到班级，讲讲孩子在家的表现，与班里的孩子互动。虽然家长的文化层次不同，但是爱孩子的心是一样的。有的家长为了准时来到学校，向单位请假；还有的家长因为曾冤枉过孩子，竟当着全班同学的面给孩子道歉。我印象最深的是，小烨的妈妈讲她下班回到家时已是晚上8点，女儿还在背《燕子》这篇课文，她在边上听了半小时就会背了，可孩子还是背不出来。她发火了，狠狠地骂女儿太笨了……她回想起这件事，心中很内疚。当着全班同学的面,这位妈妈流着泪向自己的孩子道歉,而小烨在下面哭成了泪人儿。

这一刻,家长、孩子、老师的心灵是如此的靠近。

在带"红苹果班"时,我每月开一次表彰会,邀请4位优秀标兵和4位进步标兵的家长来到班级,让孩子给家长的胸前别上光荣花……

【我的案例】

大手拉小手——9月表彰会

今天是9月的最后一天,细雨蒙蒙,我们"红苹果班"召开了9月份的表彰会。

被评为9月"优秀标兵"的孙笑叶、倪慧洁、陈箫箫、张杭宇等四个孩子的家长,以及被评为9月"进步标兵"的赵成俊、时应双、庄校睛、沈俊彦等四个孩子的家长将来到我们"红苹果班",与孩子们共享进步的喜悦。

在我们的期盼中,家长们来到了班级。孩子们坐在自己的座位上,又激动又兴奋。

首先上台的是孙笑叶爸爸。他有备而来,一共罗列了孩子的十大优秀表现,比如:每天6点半自己起床;晚上不看电视;喜欢看课外书;重视安全……孩子的一些行为习惯甚至已经超越了爸爸妈妈。孙笑叶爸爸说,最近孩子迷上了看中国地图和世界地图……

我仔细地端详这个文静的小姑娘,只见她不时咧嘴笑着,那份甜蜜和喜悦无以言表。

什么样的家长带出什么样的孩子。孙笑叶爸爸的优秀,从他每天在孩子的家校联系本上的留言就可看出。他有时会用诗歌的形式写孩子在家的表现,文采斐然。

倪慧洁妈妈上来了。她声音响亮,落落大方。看到家长这个样子,就知道倪慧洁站在台上的从容是从何而来了。

她说的一件事特别打动我——孩子因为从小体质不好，吃了不少的药，一年级时很少运动。现在，在老师的积极倡导下，她每天晚上坚持锻炼身体。为了能在运动会上取得好成绩，在孩子的要求下，妈妈特意给她买了两个重达6斤的沙包（有关沙包问题，我曾对班上的运动员们说过，我说最好去买个沙包，真没想到，这孩子马上回家向妈妈提要求了）。绑着沙包训练的第一回，她跑了不到20分钟就喘着粗气坐在椅子上了，哭着说受不了。妈妈看着心疼，对她说："受不了，那我们就不绑了。"可是，孩子休息了一会儿，还是对妈妈说："让我继续训练吧！"

倪慧洁妈妈的话让我特别感动。我几乎每天都夸这孩子做一样像一样。原来，背后承载着家长和孩子如此多的心血和汗水。画画、手工、美术、作文，甚至最弱的体育，她都能以这么大的决心和毅力去挑战。她可是个只有9岁的孩子啊！具有如此毅力的孩子，什么困难能难倒她呢？我为倪慧洁热烈鼓掌。

陈箫箫爸爸上来了，他的声音不大。他讲到了为培养孩子良好的习惯，家长做出的努力和牺牲……

张杭宇爸爸说不会讲。这个安徽男人为了儿子的健康成长，做出了非常大的牺牲，为了孩子他几乎放弃了下午的生意，更是放弃了看电视。孩子原先非常顽皮（一年级时，张杭宇和高鑫因为特别好动，我让他们站到了座位外面。这两个孩子趁我走到后面时，竟然玩起了拍手游戏）。一年下来，因为家长的重视和教导，张杭宇遵守纪律了，写字速度上去了，学习自信了，能安静下来了。静能生慧，上学期期末考试张杭宇一举夺得我班语文、数学状元，令人刮目相看。

我让四位"优秀标兵"为他们的家长戴上大红花。下面观看的孩子情绪激动，"优秀标兵"及其家长也分外喜悦。

该"进步标兵"的家长亮相了——

沈俊彦妈妈微笑着站在台上,可能以前没有上台演讲的经验,她一边笑一边讲。沈俊彦一年级时,总是想法子不做回家作业。家长逼着做,他就逃……这学期他当上了数学课代表,工作认真负责,对学习也有了热情,回家作业写得既认真又端正。他的进步,爸爸妈妈看见了,老师看见了,同学们也看见了。我们一起为他欢呼。

庄校晴妈妈谈到了庄校晴的吵闹和不听话。可就是这个孩子,自从进入二年级,各方面都有很大的进步,比原来安静了、勤奋了、向上了。

赵成俊爸爸站在讲台上对自己的孩子说:"赵成俊,今天老爸为了来庆祝你的进步,特意请了半天假。"这位帅气的爸爸为了孩子能有一个好的成长环境,今年暑假把家从杂乱的农民新村搬到了正规的居民小区。

时应双爸爸说,这孩子比原来安静了,也不怎么爱说废话了,回家作业的质量也提高了……

进步孩子的表现都是相似的。

我请四位"进步标兵"为他们的家长佩戴小红花。小小红花,凝聚着孩子和家长的汗水。

散会时,我让戴红花的家长拉着自己的孩子走在队伍的最前面。家长和孩子昂首挺胸,大踏步朝前走……

策略18：隐性投资

> **心理学上的"看不见的影响力效应"**
>
> 回想一下，你或者你周围的人有没有过这样的经历：
>
> 你本来对某个品牌并没有特别的偏好，比如，你觉得百事可乐和可口可乐都差不多，但自从一个你非常喜爱的明星代言了百事可乐之后，你就越来越喜欢百事可乐了。
>
> 你本来并不喜欢红色，但偶尔一次穿红色衣服的时候，有朋友说你穿红色衣服很好看，于是你改变了对红色的"偏见"，越来越愿意买红色的衣服了。
>
> 你并不喜欢张先生，但因为他是你的顶头上司，所以你不得不对他笑脸相迎，时间一长，你觉得心里很闷，异常疲惫。
>
> 人的态度和行为在很多因素的影响下会发生变化。班主任除了通过鼓励家长和让家长参与的方式来激发家长的热情，还可以采用隐性投资的方式让家长觉得学校教育是有效的，班主任是有作为的，进而更加关注孩子的学习。

孩子只有懂得感恩与孝敬，才能具备责任心。苏霍姆林斯基说过："如果一个孩子、一个中学生连他的母亲都不爱，他还能爱别人、爱家庭、爱祖国吗？"孝，是人类文明进步的标尺，是全人类永恒的道德教育主题。

"百善孝为先""孝为德之本"，在中华民族灿烂的文化长河中，孝是国人一直恪守的道德准则，是中国社会道德的核心。

现在的青少年大都是独生子女，优越的生活环境，祖辈父辈过多的照顾、宠爱、放任和袒护，使他们大多从小就以家庭的"小皇帝"自居，养成了饭来张口、衣来伸手的不良习惯，认为父母宠爱自己是天经地义的。

在多元文化交汇的现代社会，继承和弘扬以"孝"为代表的传统文化，培养学生浓厚的传统文化底蕴，塑造学生的灵魂，是目前学校教育的追求。只有让"孝敬"的理念深入每一个学生的心灵，才能促使学生自觉规范自己的言行、提升自身的修养，并相互影响，形成习惯。

每接一个新班，我都会以孝为突破口开发班本课程，进行隐性投资，曲线救国，"俘获"家长们的心，让其因喜悦而更关注孩子，因感激而更重视孩子的教育。

一、让孝敬故事根植于心

《二十四孝》的故事对孩子来说可能很陌生，班主任可利用红领巾电视台、黑板报、宣传橱窗等宣传阵地，利用网络教室播放孝敬教育的相关影片、故事片段，让学生接受孝的教育；通过让学生收集名人孝敬故事，利用编写小报或写"向名人看齐"的文章，让学生感受榜样的力量。

发挥班级文化优势，营造"孝敬"的氛围，发挥孩子主体参与的作用，围绕"孝敬"的主题，让孩子们用自己喜欢的图案、语言设计班级文明礼仪等温馨提示牌，贴在教室内、走廊上、过道上，让班级的走廊、过道成为"和谐校园生活展示台"。

二、建立孝敬评比制度

我建立了"孝敬中队响叮当"评比制度。在教室里建立孝敬中队角、阅读角，以健康积极的文化影响学生。评比活动每周一次，每月评出"班级孝星"和优秀文明小队,学期评出星级"孝敬之星",激励性的评比制度为孩子们创设了积极的竞争氛围,逐步实现自我教育。

三、进行孝敬实践活动

我组织开展的孝敬实践活动主要包括以下几方面的内容。

1. 明确孝敬的具体行为

"八心"之歌要求每个学生烂熟于心:

(1) 常问好,讲礼貌,让父母舒心;

(2) 少空谈,多帮忙,让父母省心;

(3) 走正道,少是非,让父母放心;

(4) 求进取,多争光,让父母开心;

(5) 遇难事,多商量,让父母顺心;

(6) 共致富,奔小康,与父母同心;

(7) 忌盲从,不迁就,谏父母要真心;

(8) 重推恩,能迁移,对社会献爱心。

利用晨读、班队会等时间,以快板、儿歌、童谣等孩子喜闻乐见的方式,要求全班孩子齐声吟诵,牢牢记住。

2. 经营节假日孝文化

平时充分利用节日,将妇女节、劳动节、母亲节、父亲节、教师节、国庆节、重阳节、春节等节日自动设为"孝敬日",开展丰富多彩的孝敬实践活动。如:"三八"节,开展"我为妈妈洗脚"的孝敬实践活动;春节,开展"孝敬闯关"的实践活动;每周写一篇孝敬日记,每天为父母做一次家务、捶一次背、说一句问候语;母亲节,为妈妈做一张贺卡等。这样寓教育内容于活动之中,培养学生道德的自觉性与持久性。

3. 开孝敬主题班队会

每个学期开一次大规模的以孝敬为主题的班队会，让队员挖掘身边的孝敬榜样，利用小品、相声、快板、儿歌等多种形式构建良好的孝敬教育的氛围。

4. 丰富班队活动形式

活动永远是教育最好的途径，要更加注重活动的内涵对孩子们"润物细无声"的教育。可带领学生开展丰富多彩的孝敬主题活动，比如举办"孝敬"演讲比赛、"孝敬"现场画画比赛、"孝敬赛歌会"、"孝敬文化会演"、"孝敬日记展"、孝星大评比等孩子感兴趣的活动，使教育进入一种健康的常态，从而达到教育发展与孩子心灵净化的和谐统一。

四、让家长成为孩子的榜样

家庭是塑造孩子心灵最重要的场所，父母是孩子最重要的老师。家庭环境对孩子的成长起着非常重要的作用，因此，很有必要让家长积极参与有关孝敬主题的教育。

可利用召开家长会、开办家长学校、给家长写信等形式，呼吁家长首先自己做孝敬父母的人，做孩子的榜样。努力寻找优秀的家长榜样，比如，我带"红日班"时，我班牟鑫的妈妈是"桐乡市十佳好儿女"，我邀请她来做专题讲座，让全体家长明白：要让孩子理解父母的艰辛；让孩子从小事做起；给孩子表达孝心的机会；让孩子在父母的言传身教中受到熏陶；让孩子感受孝敬父母时的幸福感，等等。同时，家庭要配合学校开展的"孝敬"活动，使学校教育与家庭教育结合起来，真正达到教育的目的。

我邀请部分家长参加主题班队活动，不但让广大家长充分了解学校教育活动的内容，使他们充分感受到学生的一片孝心、爱心，而且使他们能主动自觉地配合学校搞好这项教育活动。我要求家长在家庭中教育督促孩子完成岗位实践的各项内容，同时我也注意了解家长对学校的孝敬活动的反馈意见，不断改正活动的方式、方法。

班级孝敬班本课程的开展，使孩子在家的行为表现脱胎换骨，家长们对学校教育更加认可和支持。

【我的案例】

节日孝文化，家庭乐开怀

生活是个大舞台。"红苹果班"的孩子们自进入二年级后，每天都要为家长做一件事，这是一项回家作业。孩子们用自己的行动每天向家长献上一份小小的孝心。

怎么让今年的妇女节"与众不同"？怎么让每日辛苦工作，时时为孩子操心，又被日常家务困扰而面容憔悴的妈妈们从心底感到喜悦？

如果爸爸们也参与这个感恩的节日，夫妻互动，亲子互动，岂不是更浪漫、更温馨？

心动不如行动。

"今天是'三八'妇女节，祝全体妈妈节日快乐！同时建议所有的爸爸和孩子一起精心策划活动，共同庆祝这个节日。"我用信息给家长们发了个信息，呼吁爸爸们用自己的行动和孩子一起向妈妈们献爱心。

第二天，反馈回来了——

孩子轻轻地摩挲妈妈的那一双脚（书朋妈妈说，"孩子以前一直说我的脚臭，今天他为我洗脚，我太高兴了"），用自己灵巧的双手为妈妈送上手工贺卡，干家务干得不亦乐乎……

媛媛爸爸特意上街为妻子买了一件漂亮的时装；慧洁爸爸看到懂事的女儿时常为妈妈做事，惭愧之余，和女儿一起买巧克力送给妻子，妈妈直呼女儿是贴心的"小棉袄";王婷父女拉开架势,唱歌、跳舞、讲故事、献贺卡,让妈妈分外开心;胡蝶为妈妈唱歌、按摩,一家人其乐融融地玩传球;泽洲父子趁妈妈还没下班,做完所有的家务;向来工作繁忙的沈杰爸爸特意早回家,主动帮妈妈做家务,让妈妈舒服地吃晚餐……

家庭的温馨、一家人的亲密无间,有利于孩子的茁壮成长。身心健康才是真正的健康。教师有责任尽自己的能力为班上的孩子们创造一个好的环境,让他们的童年沐浴着幸福的阳光,自由快乐地成长。

节日孝文化,家庭乐开怀。

孝文化活动的开展,让家长们充分感受到学校教育的魅力,他们更有心思和精神教育、培养孩子了。这些看不见的影响力既是对孩子们品格的塑造,也是班主任拉近与家长们心理距离的一种隐形投资。

策略19:给力父爱

心理学上的"角色效应"

美国著名心理学家菲利普·津巴多(Philip George Zimbardo)在1971年曾设计了一项饱受争议的真人秀生活实验。

津巴多在报纸上刊登广告:"寻找大学生参加监狱生活实验。酬劳是每天15美元,期限为两周。"结果有70名大学生报名,经过一系列医学和心理学测试,津巴多选出24名遵纪守法、身心健康、情绪稳定的大学生,并将他们随机划分成3个组:9名犯人,9名看守,6名候补人员。然后津巴多在斯坦福大学的一个地下室布置了一所"监狱",让所有的"看守"换上专业的制服，所有"犯人"也换上囚服。为了让实验更逼真，津巴多给"囚犯"编了号，他自己则担任"监狱长"一职。

一天之后，"看守"们便进入了角色，开始体罚那些不守规矩的"囚犯"。如果有谁忘记指示或床铺整理得不合格，就要做10个、20个或30个俯卧撑。"囚犯"们起初不愿接受体罚，"看守"便毫不留情地用灭火器喷射。第三天，有3名"囚犯"出现情绪紊乱。三天后，有5名"囚犯"相继退出了实验。随着实验的推进，"看守"对"囚犯"的处罚和侮辱愈演愈烈。直到第六天，因"虐囚"的场面太令人震撼，津巴多不得不提前结束了实验。

短短六天时间，9名彬彬有礼的大学生就变成了冷酷无情的"看守"，就连津巴多本人也感慨，如果不是"虐囚"的那一幕太恐怖，如果没有女友的及时提醒，他也会沉迷于自己"监狱长"的角色，继续进行实验。他将这种好人在特定的环境下犯下暴行的现象称为路西法效应——上帝最宠爱的天使路西法后来堕落成了魔鬼撒旦。可见，一个人扮演的社会角色对人的心理和行为的变化产生了怎样的影响。

有一对同卵双生姐妹，长得几乎一模一样。她们生长在同一个家庭中，从小学到大学就读于相同的学校。乍一看，几乎分辨不出她们的差别。但是仔细观察就会发现，姐妹俩的性格差异很大：姐姐热情主动，果断独立；妹妹则性格内向，没什么主见，比较依赖他人。同样的基因，相似的环境，为什么两人的性格会有如此明显的差异呢？

有句话说得好，让天使扮恶魔，天使也会堕落。一对孪生姐妹的性格差异如此之大，是因为她们的父母对待"姐姐"和"妹妹"的态度和期望大不一样。他们认为，遇到事情的时候，姐姐应该冲在前面，为妹妹遮风挡雨，帮妹妹拿主意；而妹妹则需听姐姐的话，遇事和姐姐商量。久而久之，姐姐就变成了保护者，妹妹就变成了被保护者。"姐姐"和"妹妹"两种不同的角色造就了两人不同的性格。

班主任可以利用好爸爸的角色来约束班上的爸爸们。通常来说，爸爸在孩子的成长过程中付出的心血和汗水，相对妈妈要少许多。当然也有好爸爸，但比例远远低于好妈妈。曾几何时，说起中国的教育，是"急躁的妈妈+缺席的爸爸=失控的孩子"。

城市里的爸爸稍微好些，在乡村及城郊接合部，爸爸在孩子成长道路上的缺席则较为严重。相当一部分爸爸好逸恶劳、参与赌博，也有的爸爸大男子主义严重，觉得男主外、女主内，辅导孩子读书的责任该妈妈承担。班主任已教了大半个学期，连许多爸爸的面都还没见过的事屡见不鲜，甚至，有相当一部分孩子生活在"伪单亲"家庭中，表面上看父母双全，但只有妈妈参与到孩子的学习和教育中，这些都很不利于孩子的身心成长。

班主任要给爸爸们一个好的角色，让他们乐于为孩子、为家庭做事，关注孩子的身心成长，约束自己的行为，积极参与到孩子的教育中。

一、父亲节致爸爸的一封信

每年的父亲节，我都会在班上开展孝敬实践活动，要求孩子们为爸爸做一件事情，如洗脚、捶背、讲笑话等。低年级孩子可给爸爸制作一张卡片，中、高年级孩子可给爸爸写一封信，信中首先要感谢爸爸的养育之恩，还要表达出孩子内心的一些真实的想法——或渴望爸爸放学时来接自己回家，或希望爸爸双休时能带自己去公园游玩，或希望爸爸能改掉某个方面的陋习……我教过一个名叫小炜的孩子，他对爸爸说："爸爸，请不要再赌钱了！你知道你出去赌钱给妈妈带来多大的痛苦吗？……"孩子的爸爸看过信后，答应不再出去赌钱。孩子信中表露的心声及希冀，对爸爸心灵的震撼远比妈妈苦口婆心的劝说要强烈。其实，每一个爸爸的心底都有一块柔软的草地，草地上姹紫嫣红的小花是为自己的孩子而开。

二、颁发"称职好爸爸"表扬证书

每个学期的期中或期末,只要看到某个孩子的爸爸关注孩子的学习、开始接送孩子、对孩子的成长付出心血,我都会及时发出"称职好爸爸"表扬证书。

×××爸爸:

您是一位称职的好爸爸,真诚地感谢您对孩子所付出的一切!我替您的孩子向您表示感谢!孩子的成长需要爸爸妈妈和学校的共同努力,让我们携手共进!

"称职好爸爸"证书是一个鼓励。这样的角色定位让爸爸们有了参与孩子成长的动力。

三、家长会设置"好爸爸"栏目

家长会上,我经常会设置一个"好爸爸"栏目,让班上的好爸爸们有一个展示自己的舞台。榜样的激励作用是最大的,看到别人做得如此精彩,一些爸爸会紧紧跟上。

四、爸爸给力的亲子活动

利用双休日、春游、班队会课等时间,组织一些爸爸给力的亲子活动,要求来参加活动的必须是爸爸,可以是亲子歌唱会,可以是亲子运动比赛,可以是亲子游戏,可以是亲子默契度比赛……活动增进了爸爸们的相互了解和友谊,更增进了亲子之间的情感。爸爸们在愉悦的活动中体验到做一个好爸爸的快乐。

五、评好爸爸的"脱口秀"视频

我曾利用班会课,让孩子们上台说说:"你觉得你爸爸是好爸爸吗?"再把孩子们的即兴演讲视频发到班级群中给爸爸妈妈们看。没有事先的鼓动,没有一丝水分,完全是孩子内心的感受。这样的"好爸爸脱口秀"视频对于班级里的爸爸们更是促动和推进。

【我的案例】

评选"感动班级十大好爸爸"

每带一个班,我都会组织评选"感动班级十大好爸爸"。评选的过程如下。

首先由班主任在孩子面前和微信群里动员,若觉得爸爸具备"有责任心、顾家、爱老婆和孩子、少沾烟酒、孝顺"等良好品格,由孩子和妈妈共同商议决定是否推荐。若推荐,请孩子或妈妈执笔,写出爸爸的优秀事迹材料。

其次由班主任通过优秀事迹材料,确定15名爸爸为"十大好爸爸"候选人,让全体孩子和妈妈不记名投票,最后评选出"十大好爸爸"。由我负责写颁奖词。

胡蝶爸爸:每晚悉心辅导孩子的作业,您,用爸爸的耐心搭起了一座凉棚;每天努力工作,您,用男人的责任心撑起了一片爱的天空。真正的好男儿,他的名字叫胡碧伟。

怡笑爸爸:下班回来,从不忘检查孩子的作业;工作勤勤恳恳,深得领导的赏识;您的眼中、心中,只有妻子和女儿,唯独忘了自己。这就是钱松良。

……

颁奖大会一定要选在隆重的时刻,比如在家长会上、孩子们的10周岁庆典上,让获奖的爸爸觉得很光荣,也激起其他爸爸的艳羡,从而以他们为榜样,重新定位自己的爸爸角色。

给爸爸们一个好的角色定位,调动爸爸们的积极性,让家庭更和睦,每一个孩子也将变得更优秀。

策略20:单纯曝光

心理学上的"单纯曝光效应"

1990年,华盛顿最高法院德高望重的法官基思·卡洛在竞选中输给了对手查理·约翰逊。约翰逊是个没有名气的律师,负责处理一些情节轻微的刑事案件。两个人都没有开展竞选活动,媒体也没有介入,结果,约翰逊以53%比37%的优势胜出。这个结果令法律界震惊。事后,卡洛解释说:"名叫约翰逊的人比叫卡洛的人要多得多。"的确,该州规模最大的报纸统计发现,在当地的电话登记簿中有27个叫查理·约翰逊的人,还有一个叫查理·约翰逊的地方法官。此外,在邻近的一座城市,有个电视新闻节目的主持人也叫查理·约翰逊,他主持的节目在全州的有线电视上都可以看到。在两个陌生人之间被迫做出选择的时候,大多数选民倾向于选择让人感觉更熟悉的名字——查理·约翰逊。

没有名气的约翰逊能在竞选中胜过德高望重的法官卡洛,因为约翰逊

> 的名字更为人们所熟悉，而熟悉诱发了喜欢。我们偏好自己熟悉的事物，对某个人或者事物接触的次数越多，就越觉得这个人或者事物招人喜爱、令人愉快，这种心理现象叫作单纯曝光效应。

你是不是很少对自己的照片感到满意？或者你看自己的照片时觉得不太像自己？这可以用单纯曝光效应来解释。人的面孔并不是完全对称的，我们熟悉的是镜子中的自己，因此也更偏好自己的镜像。在一个实验中，研究者米塔（Mita）给美国威斯康星大学密尔沃基分校的女生拍了照片，随后给她们呈现一张真实的照片和左右翻转后的镜像照片。研究者询问她们更喜欢哪个形象，结果发现，她们更喜欢那张镜像照片，因为这是她们熟悉的自我形象。但当给这些女生呈现她们最要好的朋友的照片（同样是两种形式）时，她们则报告说更喜欢那张真实的照片，这也是她们熟悉的形象。

广告商和政治家们都充分利用了单纯曝光效应。如果一个商品的广告经常在电视里出现，那么消费者会对该商品做出不假思索的、自动的偏爱反应；而懂得曝光效应的候选人也会使用简短的广告来代替由充分的长篇大论，并在广告中强调候选人的名字和录音片段的信息。

单纯曝光效应也可运用在班主任与家长的交往中。俗话说，一回生，二回熟，三回是朋友。美国社会心理学家扎荣茨（Robert B. Zajonc, 1923—2008）曾经做过一个有趣的实验证明了这一点。他让一群人观看某校的毕业纪念册，并且肯定这些观看者不认识毕业纪念册里出现的任何人；看完毕业纪念册之后，再请他们看这些人的照片，有些照片出现二十几次，有的出现十几次，而有的则只出现一两次。之后，请观看者评价他们对照片的喜爱程度。结果发现，在照片里出现次数越多的人，被喜欢的程度也就越高。这些观看者更喜欢那些看过二十几次的熟悉照片，而不是只看了几次的照片。也就是说,看的次数与喜欢的程度成正比。这个实验很好地说明了单纯曝光效应的力量。

班主任若想让家长喜欢自己并配合自己的工作,就要留心自己在家长面前的熟悉度,这样可以增强家长对班主任的喜欢程度。

一、经常利用微信群沟通

微信是现代化的通信工具,非常便捷。班主任可经常利用微信群与家长进行沟通与联系,比如,班上孩子的作业情况、纪律情况,与家长们分享班级的一些获奖信息……当然,班主任的措辞要诚恳、客气,在短信的最后,要加上这样的后缀:"感谢各位家长,为了让孩子进步更快,让我们一起努力!"

每逢节假日,班主任可真诚地给各位家长发一条祝贺的信息。

比如,临近除夕,发条信息:

> 亲爱的家长,感谢过去一年您对孩子的付出,对我和其他科任老师工作的支持和配合。新年到来之际,祝各位家庭幸福美满,工作顺利!孩子学业更上一层楼!

比如,在"三八"节这一天,发条信息:

> 各位亲爱的妈妈,今天是属于我们的节日,真挚地祝愿各位妈妈永葆青春!健康快乐每一天!

有好多班主任说自己发信息给家长,家长却觉得厌烦。那可能是因为措辞不够礼貌,让家长感觉不快。

新学期报到第一天,婷婷的奶奶来交伙食费。我和她聊天,告诉她,婷婷是个聪明的孩子,可就是有点儿偷懒,还好奇地问她:"婷婷的爸爸妈妈是不是不太关注孩子的学习,怎么一个学期连一个电话都不打给我呢?"婷婷的奶奶告诉我，孩子的爸爸妈妈也很重视孩子的学习，就是觉得自己的孩子成绩不好，打电话来觉得难为情。"许老师，我儿子和儿媳妇很开心啊。你上个学期几乎天天发信息来，让我们了解孩子在学校的情况。他们说从没见过这样的班主任，他们可开心了！"她对我说。"噢，是这样呀！那你以后叫婷婷的爸爸或妈妈多与我联系好了。"我笑着对她说。

自从有了微信，沟通非常便捷，我经常与家长用微信沟通，家长反馈的信息都是肯定和欢迎。

二、利用多种媒介增进交流

班主任可利用钉钉群、QQ群、班级微信公众号、电话等多种媒介或家访增进与家长之间的交流。

班主任要增加自己在家长面前出现的次数。比如，放学时，送路队下去，家长来接孩子的时候，班主任可以面带微笑，简单地与来接孩子的家长礼貌地打个招呼或者寒暄两句，千万不要低头走过。当然，许多时候来的是爷爷奶奶，与爷爷奶奶也要礼貌地打招呼。随和的班主任一定会受到家长们的欢迎。

从QQ群到微信群，再到如今的钉钉群，跟随时代的发展，加强与家长之间沟通与联系的方式也在发展。班主任还可以再建立一个班级公众号，把班级事务、孩子的佳作、获得的荣誉等放到公众号上。至于班级公众号的维护，可从家长中招募几位志愿者或到高年级聘请几个品学兼优、精通电脑的学生。版面设计不需要花里胡哨，朴素大方即可。学校生活是一段旅程，这样的陪伴必将给孩子留下美好的回忆。

没有出镜率，就没有回头率，出镜率高的班主任一定是在家长心目中随和的、受欢迎的好老师。

三、利用家长资源，邀请家长进课堂

其实，无论在乡村还是在城市，家长都是一笔宝贵的资源：他们或学有专长，或在某一方面比较擅长，哪怕在菜市场卖菜，也能给现在这些衣来伸手、饭来张口的孩子们讲讲如何起早贪黑地辛苦赚钱，让他们体会生活的不易，触动孩子们的心灵。班主任若能利用这些资源，把这些家长邀请到班级中，将是一件非常有意义的事情。

我每接一个新班，都会让家长填写调查表，了解家长的工作以及擅长的领域，然后，每学期邀请1~2位家长走进课堂，根据他们的专长给班上的孩子们讲课。

【我的案例】

烈日下的磨炼

"红苹果班"纪律松懈，"动作型选手"多，路队总是排不好。我一直在思考：如何严肃班级纪律，走出精气神呢？

我无意中了解到原青的爸爸曾在部队待了12年，于是盛情邀请他来，给"红苹果班"的孩子们军训。他爽快地答应了。

那是一个烈日炎炎的下午，身穿迷彩服的原青爸爸，顶着烈日给孩子们训练立正、稍息、列队。一开始大家觉得很新鲜，嘻嘻哈哈，排队歪歪扭扭。原青爸爸拿出教官的威严，板着脸让最调皮的晴晴连续做10个高抬腿之后，所有的孩子都没有声音了。他们开始投入训练，汗水哗哗地往下流，孩子们不敢喊一声、叫一声。整整3个小时，历来娇生惯养的孩子们哪吃过这样的苦头呢？在学校里不敢说什么，但回到家中，他们一个个直喊腰酸背疼。

这一次烈日下的磨炼，给孩子们留下了深刻的印象，也给原青的爸爸和他的家庭留下了美好的回忆。

"有趣的汉字""书香小茶童""'嗨翻'的营养小课堂""移动机器人""有趣的职业"……这是家长进课堂所讲的内容，一看标题就感觉精彩纷呈。这些内容充分利用了家长的职业优势、学科优势、自身优势和阅历见闻，让孩子们收获多多！

当然，曝光也要防止过犹不及。十几年前，"恒源祥，羊羊羊"的广告几乎家喻户晓，简单重复出现的广告让全国人民熟悉并喜欢上了这个品牌。尝到了单纯曝光效应的甜头后，恒源祥公司在2008年除夕又推出了一则在全国多家电视台黄金时段播出的广告：由北京奥运会会徽和恒源祥商标组成的画面一直静止不动，广告背景音变成了由童声念出的"北京奥运会赞助商，鼠鼠鼠"，然后，依次将十二生肖叫了一遍，直至"猪猪猪"。该广告单调的创意和高密度的播出顿时引起轩然大波，引来恶评如潮。

同样的道理，班主任不能动辄请家长到学校来，这样会影响家长的日常生活，也会让家长厌烦，更不会配合班主任的工作了。

第四章 卓越班级的精神引领艺术

卓越班级，
温馨、向上，如诗般美丽，
班名、班诗等温情元素点缀，
女生如花，男生如树，
激励的诗歌流淌，
公主日、王子日的浪漫祝福，
……
班级如肥沃的池塘，
在每一个孩子的童年，
盛开一朵朵娇美的莲花。

策略21：阳光标签

心理学上的"标签效应"

有一位叫亨利的美国青年，30多岁依然一事无成，整天唉声叹气。一天，他的一位好友告诉他："我看到一份杂志里讲拿破仑有一个私生子流落到美国，这个私生子又生了一个儿子，他的全部特点跟你一样，个子很矮，讲的也是一口带法国口音的英语……我看你就是拿破仑的孙子！"亨利听了十分震惊，半信半疑地拿起那本杂志琢磨半天后，终于相信自己就是拿破仑的孙子。此后，亨利完全改变了对自己的看法。凭着是拿破仑孙子的信念，三年后，他成了一家大公司的董事长。很久以后，他偶然得知真相，原来自己并不是拿破仑的孙子，但他说："现在我是不是拿破仑的孙子已经无关紧要了，重要的是我懂得了一个成功的秘诀——当我相信时，它就会发生。"

亨利的故事并非个例。一般来说，当一个人从外界得到对自己的某种评价时，会更倾向于使自己的行为符合这种评价。

心理学家克劳特（Robert E. Kraut）曾做过这样一个实验：他要求一些实验参与者对慈善事业做出贡献，然后根据他们是否有捐献将他们分别说成"慈善的人"和"不慈善的人"，在随后的捐献中，第一次被说成"慈善的人"的参与者，比那些没有被下结论的参与者捐献得要多，而那些第一次被说成"不慈善的人"的参与者比那些没有被下结论的参与者捐献得要少。

这个实验启发我们，一个人如果被大家评价为心地善良的人，他就有可能变得更积极主动地去帮助别人。一个人一旦被贴上某种评价的标签，

> 他就会做出自我印象管理，使自己的行为与所贴的标签内容一致。这种现象是由于贴上标签后引起的，故称为"标签效应"。美国心理学家贝科尔（Howard Saul Becker）指出："一个人一旦被贴上某种标签，就会成为标签所标定的人。"

同样道理，给一个班级贴上阳光的标签，就能使全班孩子的态度和行为朝着标签所喻示的方向发展。

阳光标签制作，可以从刚接班就开始。无论是原本比较优秀的班级，还是"劣迹斑斑"的班级，当新班主任接手时，孩子们总是想听到、看到新班主任对他们的评价，此时，班主任乘胜追击，同孩子们一起制作阳光标签，慢慢地，整个班就会朝着更积极的方向发展。

一、起一个响亮的班名

每一个孩子都有一个寓意深刻的名字，包含着爸爸妈妈对孩子的美好期待。若能给班级起一个孩子们喜欢的朗朗上口、与众不同的名字，那么肯定比"401班""502班"等名字更深入人心。

怎么起班名呢？若是中、高年级，可在班上搞征集班名的活动，发动群众的智慧，让孩子们自己起名，然后，选择大家最喜欢的那个作为班名；也可以选择一个具有励志作用的动物或植物，比如，取小蚂蚁的搬家精神、向日葵的向上精神而命名为"小蚂蚁班""向日葵班"等。不管起什么样的名字，都要做到孩子们喜欢且蕴含一定的积极向上的含义，这样才能达到正面引导的效果。比如：我曾给我所接的一个四年级班起名为"诗翔班"，含义是诗意地飞翔，快乐地成长；新接的五年级班起名为"红日班"，希望班上的每一个孩子都能如太阳初升一般喷薄向上；一年级班起名为"红苹果班",因为红苹果喷香诱人,而苹果公司是世界五百强公司,暗示着孩子们追求卓越,挑战自我,做最优秀的自己;还有"鸿鹄班""北辰班"等,都含义深刻……

【我的案例】

给自己的班级起名

"作为班主任,我立志让我所带的班富有勃勃生机和凝聚力,让每一个孩子都能因为在我的班级而感到成长的快乐。为什么要给班集体起一个名字呢?为了让我们的班变得'有意思'一些,让孩子们觉得'我们的班就是与众不同'。这是符合儿童心理的。所有的情趣与浪漫都是建立在'与众不同'之上的。"读着李镇西老师的著作《做最好的老师》,我的心境越来越明朗,视野越来越开阔。

该起个怎样的名字呢?要喜庆、吉利、快乐、富有意义。"红日班"怎么样?像太阳一样耀眼、光亮,像太阳一样蓬勃、有生命力,像太阳一样照亮我们中山路小学的每一个角落,而"红"正好与我的名字相符,象征着我们师生之间可遇而不可求的缘分。我马上拍板,连忙在"教育在线"开帖《红日喷薄》,但愿这54轮红日与我这一轮月儿(我的网名为"一轮月儿")共同演绎一段美丽的师生情缘,班级能如红日一般蒸蒸日上。

"孩子们,因为有缘我们才走到了一起,成为同学,成为师生。每个人都有名字,我们班也要起一个名字。我已经给我们班起好名字了。"我在黑板上写下"红日班"这三个字。孩子们早已迫不及待地读了出来。

"知道许老师为什么要给我们班起这么一个名字吗?"我问。

"老师希望我们像太阳一样发出耀眼的光芒。"一个孩子说。

"有句话说得好,少年儿童就是早晨八九点钟的太阳。老师希望我们富有活力。"

"老师希望我们像太阳一样光芒四射,像太阳一样照亮身边的每一个人。"

……

"孩子们,除了你们所说的,还有一点,'红'也是许老师名字中的一个字。有一个'红'字,说明我们55个人特别有缘,希望我们用两年的时光一起来打造一个光辉灿烂的'红日班'。好吗?"我慷慨激昂地说。

"好!"

整齐有力的声音久久地在教室上空回荡。

在接下来的两年时间里,"红日班"的孩子们的确书写了许多传奇,从分班时的各项指标最后一名一跃成为全年级的第一名,两年皆被评为优秀文明班。"红日班"成为学校师生认可的楷模班级,班名在其中发挥了积极的作用。

二、谱一曲响亮的班歌

只有班名,阳光标签还是分量不足,还需要谱一曲与班名相吻合、具有励志作用的班歌。

谱班歌并不是一件特别困难的事。首先是歌词,若是高年级,歌词可在班上征集,挑选其中最好的,当然班主任要进行必要的修改和润色。若是低年级,可以由班主任写或者在家长中征集。歌词要与班名相对应,要体现班级所要追求的精神内涵。

歌词解决了,就轮到歌谱了。若学校里的音乐老师多才多艺,可邀请其协助;也可充分利用家长资源;若找不到合适的人员帮忙,可选一首耳熟能详、旋律优美的曲子,比如《相亲相爱的一家人》《校园的早晨》等曲子，配上歌词就可以了。

快乐的红苹果

许丹红 词
纪伟华 曲

1=D 4/4

(5 56 54 34 5 | 556 54 32 3 |
5 4 4 3 2 3 | 1 - - 0)

5 1 1 3 3 3 2 1 3 5 | 5 5 6 5 4 3 4 5 |
1.我们是 红艳艳的 苹 果，甜美的 微笑 给教室，
2.我们是 红艳艳的 苹 果，快乐的 歌声 为班级，

2 2 3 4 3 3 2 3 1 | 3 5 5 6 5 4 3 |
增添了 美丽的 色 彩， 在 老师的 带领 下，
吹奏了 童年的 哨 音， 在 大家的 努力 下，

5 6 5 4 3 4 5 6 5 4 3 1 | 2 3 4 6 |
我们共同 学习 我们一起 进步， 啦 啦 啦 啦
我们互相 帮助 我们共同 飞翔， 啦 啦 啦 啦

5 5 6 5 5 4 3 2 3 | 1. 5 4 4 3 3 2 3 |
我们是 快乐的 红苹果， 快乐 成长的 红苹

1 - - 0 : || 2. 5 4 4 3 3 5 5 | 1 - - 0 ||
果

《快乐的红苹果》是我所接的"红苹果班"的班歌，由我作词，请朋友帮忙，邀请校外的一位资深音乐老师谱曲。

红日中队队歌
（红日班歌）

姜伊凡 词
陈霄鹰 曲

1=C 2/4

```
3 3 2  3 35 | 33 0 223 | 221 | 26 0 | 12  33 |
黑板上 拼写着 未来， 书包里 承载着 梦想， 未来和 梦想
我们一 起携手 并肩， 我们一 起努力 前进， 踏走  风雨

5.5 45 16 — | 16 03 16 | 54 16 6·1 | 0 03 16 52 |
催人 奋 起。   在思考中 飞翔！    在书海里
踏平 荆 棘。   在奋发中 展翅！    在书写里

3 3.1 0 12 | 333  55 | 45 0 6 | 7 — |
沉醉！     用 智慧和 汗水 擎起 辉   煌！
放飞！

1 1 0 1.5 | 1 1 0 | 355 | 65 61 |
红日  红日 磅礴。 让我们 放飞 理想

76 05 | 1 — ||
奔向  明 天！
```

上面是"红日班"的班歌，当时我在班上搞了一个征集班歌歌词的活动，特等奖获得者姜伊凡创编的歌词经过我的润色和修改，成了班歌《红日喷薄》的歌词，我还邀请学校里才华横溢的陈霄鹰老师谱曲。

班歌的歌词也可挑现成的。我接任的五年级"小水滴班"（孩子们自己起的名字）的班歌是蔡国庆演唱的《小小水滴》，歌词是：

点点滴滴噢点点滴滴

我是小小水滴平凡普通无奇

我是小小水滴美丽丰富神奇

点点滴滴噢点点滴滴

点点滴滴

点点滴滴却有着穿透

却有着穿透岩石的经历

点点滴滴却有着汇集

汇集汪洋的壮举

谁说我无言无语无言无语

无言无语

我是那万里江河第一个

第一个主题

点点滴滴更有那推动

更有那推动瀑布的动力

点点滴滴更有那反射

反射太阳的哲理

谁说我无声无息无声无息

无声无息

我是那万里江河永恒的

永恒的真理

点点滴滴

"点点滴滴却有着穿透,却有着穿透岩石的经历,点点滴滴却有着汇集,汇集汪洋的壮举",这几句话涵盖了我们"小水滴班"所要追求的精神要素,再加上这首歌的旋律优美,积极向上,作为班歌真的很合适,我就直接采取"拿来主义"了。

每次班会活动,我都会同班上的全体学生一起高唱只属于我们班的班歌,那一份美好和自豪不言而喻。

美国有位拳王每当回答记者的提问时,总是不忘说一句:"我是最棒的!"他不断通过积极的语言、思想来暗示自己可以做得很好。通过创作班名、班歌的阳光标签的制作,这些积极的自我暗示的训练给整个班级贴上了一枚闪亮的标签,督促孩子们付出相应的努力,使行为与暗示的内容相一致。在标签效应的作用下,整个班级发生了可喜的变化。

三、制作班徽

班徽,是一个班级的精神图腾。带"小水滴班"时,我在班级里开展了班徽设计活动,最终特等奖获得者胡高佳乐同学设计的作品成为"小水滴班"的班徽,他妈妈去广告公司制作好展板,并张贴在我们的教室里。

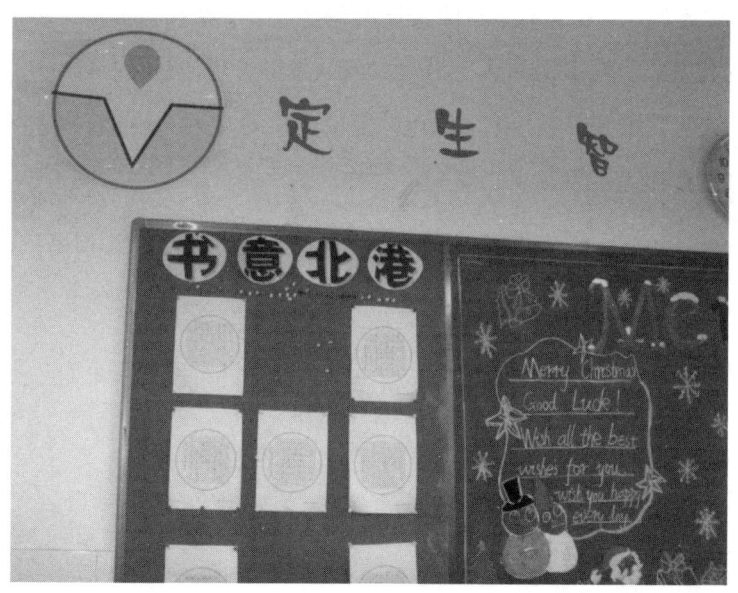

在上页图左上角的班徽中，小水滴象征着全班同学，当中的V字形，既是一只鸟儿展翅腾飞的样子，又是一个胜利的标志，象征着我们不断努力，取得成功，外面的红色的圆圈，表示我们紧密地团结在一起。

上图是"鸿鹄班"的班徽，是我和家委会一起设计的。志远、弘毅、博雅、向善，是我们的班级口号，希望我们的小鸿鹄们是志向高远、意志坚定、知识渊博、举止文雅、心地善良的孩子。当中展翅飞翔的天鹅是56个孩子的化身，朝着知识的天空展翅翱翔，飞得更高、更远；Wahhb，是"我爱'鸿鹄班'"的拼音首字母；绿色的郁郁葱葱的树木，象征着"鸿鹄班"是一个富有生命力的班级。

策略22：润物无声

> **心理学上的"态度隐性转变效应"**
>
> 有个学生觉得自己受到了老师不公正的批评，回到教室后怒气难消，愤然将该老师所教学科的课本踩在地上，发誓再也不学这一学科……照理说，对老师的个人感情与对学科的态度之间并没有什么直接关系，但是这种案例为什么屡见不鲜呢？
>
> 心理学研究早就注意到了这种现象。
>
> 在一项研究中，研究者给所有参与者呈现了大量的政治口号，但给两组参与者呈现口号的情境有所不同。给第一组呈现口号时，参与者正在享受免费的午餐；而给第二组呈现口号时，参与者正在闻腐烂的气味。两组参与者随后对口号进行评价。结果表明，第一组的评价更积极，而第二组的评价更消极。
>
> 可见，人对事物的情感和态度并非完全理性的。同样一个对象，当它和美好的事物（免费的午餐）配对出现时，我们的态度会更加积极；当它和令人厌恶的事物（腐烂的气味）配对出现时，我们的态度则变得消极。由于教师与所教学科总是配对出现，多次重复之后，学生对教师及其所教学科的态度和情感也就混在一起，难以区分了。
>
> 更有甚者，人对某个姓名的态度还可以延展到该姓名所指的那个人。中国历史上，因为出了一个秦桧，所以再也没有人愿意让自己孩子的名字中出现"桧"字。

要转变学生对自己的班级、活动或学科的态度，当有意的说服不能奏效时,不妨试一试这种隐性途径。有人说:"教育的艺术就是使学生喜欢你和你所教的东西。""随风潜入夜,润物细无声"才是这种艺术的最高境界。

一、创建班级励志口号

班级励志口号,要能激励全班孩子更积极、更向上、更阳光,既要朗朗上口,又要与班名相吻合。

我教的"红日班"的励志口号为:红日喷薄,光芒万丈——引导孩子们做光芒万丈的太阳,照亮自己,照亮别人。"红苹果班"的励志口号为:苹果丰收,全面丰收——告诫孩子们,要全面发展,要做德智体美劳全面发展的好孩子!"小水滴班"的励志口号为:上善若水,水滴石穿——告诉孩子们要有善良、坚忍的品格……这样的励志口号,不是高高在上的大道理,通俗易懂,朗朗上口,不知不觉,孩子们的态度转变了,也更爱班集体了。

二、创作一首饱含希冀的班诗

一个班级要有丰富的精神内核,要有追求的目标,可借助班诗的形式来引领班上的孩子。许多老师觉得诗歌难写,其实,有许多优秀的儿童诗可以拿来作为班诗,日本儿童诗诗人金子美玲的许多诗隽永、深刻,可稍微做一些改动作为班诗。比如,我带的"小水滴班"的班诗为:

愿　　望

许丹红

我们是一滴又一滴晶莹的小水滴

上善若水是我们灵魂的精髓

活泼向上是我们童年的本真

向着目的地默默滚落

为了实现水滴石穿的愿望

我们永不停息

我们前赴后继

一滴又一滴

方向从不挪移

意志,那么坚定

脚步,那么执着

即便,圆润的身躯被撞得粉身碎骨

请,不要忧伤

那里面有我们冲击梦想的拼搏

更有羽化蜕变的喜悦

水滴石穿——千年的愿望

在不懈的追求中

成为一个永恒的主题

家长会上,我播放了全体学生一起吟诵班诗的视频,家长们看了都觉得很新鲜,也很感动。在一遍又一遍的吟诵中,孩子们更加热爱班级了。这样的融入班级精神的诗歌能传递正能量。

比如我带的606班,起名为"相亲相爱班",因为这个班曾经鸡飞狗跳,同学之间非常不团结,导致没有老师愿意来带这个班级。我了解到班级问题症结,起名为"相亲相爱班",就是希望班级里的每一个孩子都能珍惜缘分,相亲相爱。班歌为《相亲相爱一家人》,班训为"和气、静心",班级口号为"和气呈祥,宁静致远"。我特意创作了独属于"相亲相爱班"的班诗《和气呈祥 宁静致远》,并制作好展板,张贴在教室的一角。我去上课时,师生问好后,大家就会一起吟诵班诗。隆重的仪式感,让孩子们更加热爱自己的班级。

和气呈祥　宁静致远

君可知

前世的多少次回眸

才换来今生的小学同窗之谊

有缘相聚

感恩感谢

和

和谐和气和美和善

我亲爱的同学们

让我们和气呈祥

相亲相爱

在一个和谐温暖的大家庭里茁壮成长

静

静心静气静神静韵

我可爱的同学们

让我们宁静致远

珍惜时光

在一个祥和幸福的好集体中奔向未来

三、构建班级独有元素

每一个班级都要有只属于这个班的元素。这些元素可以从外形抓起，比如，教室的布置与班名相吻合；比如，运动会开幕式上，学生手中拿的道具与班名相吻合。我带"红日班"时，开运动会，我班23名女生利用周六休息时间到学校制作"红日太阳花"道具，运动会开幕式上举起道具，让全校师生眼前一亮，班上的孩子们也觉得很自豪。若经济条件允许，还可在家长的支持下购买班服，夏天一件白色T恤，印上班徽（淘宝上有制作的，很方便），春、秋季时可购买蓝色或绿色的球衣，每个周一升旗仪式或有集体活动时，全班孩子齐刷刷地穿上，在校园里绝对是一道亮丽的风景，孩子们也会觉得分外自豪。

我带"红苹果班"时，我班的班服为白色衬衫，女生穿红格子裙子，男生穿红格子裤子，每有集体活动一起穿上，班上的孩子们都觉得特别自豪和兴奋。我带"鸿鹄班"时，我们的班服为贾斐斐爸爸和徐雨彤妈妈赠送，白色的短袖T恤或长袖T恤印着我们的班徽，孩子们特别喜欢穿。

这样的独有元素充满了生机，无声地影响着班上的孩子们。

【我的案例】

红日闪闪，光芒起

运动会临近，各班都已在紧锣密鼓地排练。花、小红旗、篮球、羽毛球拍……道具层出不穷、花样繁多。我班代表队手里拿什么呢？其实，早在很久之前，我就在想：拿个与我班班名相吻合的东西吧。如果拿幼儿园的圆铃铛包上红亮纸，发出叮叮当当的声音，肯定很特别，但最多只能借到20个。

孩子们最终决定制作"红日"。女孩们踊跃参加，周六下午到美术室一起制作道具。

我任命姚凯洁为本次活动的总指挥。她先印制模板，一个模板出来后，机灵的袁佳马上印制第二个。那怎么来印制当中的圆太阳呢？只见孩子们用一个盆子，沿着它的圆边画，一个圆圆的太阳出来了。

几个模型做出来后，姚凯洁分派工作，戴朱瑛、钱正芳、朱佳睿、杨丽燕上颜色，姚凯洁、袁佳、姜伊凡制作模型，我则帮她们打下手，剪模型。

32个道具足够了，但怕弄丢，我剪了34个。等全部剪完后，有些模型的颜料已干，我就帮着勾黑线。3小时不到，34个红日模型、2个小红日头饰全部做好。

看着我们的劳动果实，自豪感油然而生。制作的过程就是收获，不知不觉之中，班级的凝聚力在增强。

11月1日，孩子们期待已久的第43届校运会拉开帷幕。

"红日班"的运动员们身穿深蓝的校服，女孩高绾的发髻上盘着闪亮的红色装饰纸，她们手拿自己制作的闪亮的太阳道具，在蒙蒙细雨中迈步前进。"红日喷薄，光芒万丈，齐心协力，勇夺第一"是我们的口号。

迈着有力的步伐，运动队整齐划一地向主席台行进。广播里传来沈老师浑厚的声音："红日喷薄，光芒万丈。红日是热情的象征，红日是奋发的意象，红日是团结的斗志，红日是永恒的神话。瞧，'红日班'的运动员们迈着矫健的步伐，斗志昂扬地向主席台走来了。他们本着'友谊第一，比赛第二'的宗旨，将在本届校运会上努力拼搏，顽强奋斗。"

进主席台区了，旗手王利超把班旗向前呈45°角。许伟家一开口，全体同学整齐地喊"一，二"。许伟家继续指挥，喊出我们的口号"红日喷薄，光芒万丈，齐心协力，勇夺第一"。孩子们拿着太阳道具的手随着口号依次往右、向左、向上，再到胸前。

"一，二，三——起"，许伟家再一次指挥。前两排的14名男生马上摆出两朵红日团结花，后两排的女生依然做动作，等喊到最后一个"一"字时，最左边的女生依次翻转太阳道具，从南到北，亮出八个红艳艳的大字"红日喷薄，光芒万丈"。这八个字也是我班的励志口号。这个创意，连我自己都感到很得意。"向左转，齐步走。"运动队又雄赳赳、气昂昂地向前走去……

策略23：点燃火花

> **心理学上的"瓦拉赫效应"**
>
> 奥托·瓦拉赫（Otto Wallach，1847—1931）是诺贝尔化学奖获得者，他的成才过程极富传奇色彩。瓦拉赫开始读中学时，父母为他选择的是一条文学之路，不料一个学期下来，老师为他写下了这样的评语："瓦拉赫很用功，但过分拘谨，这样的人即使有着完美的品德，也绝不可能在文学上发挥出天才。"此时，父母只好尊重儿子的意见，让他改学油画。可瓦拉赫既不善于构图，又不会润色，对艺术的理解力也不强，成绩在班上倒数第一，学校的评语更是令人难以接受："你是绘画艺术方面的不可造就之才。"面对如此"笨拙"的学生，绝大多数老师认为他已成才无望，只有化学老师认为他做事一丝不苟，具备做好化学实验的素质，建议他学化学。他父母接受了化学老师的建议。这样，瓦拉赫的智慧火花一下子被点燃了。文学艺术的"不可造就之才"变成了公认的化学方面的"前程远大的高才生"。
>
> 瓦拉赫的成功说明这样一个道理：学生的智能发展都是不均衡的，都有智能上的优势和劣势，一旦他们发现自己智能的最佳点，使潜力得到充分的发挥，便可取得惊人的成绩。

班主任在带班的过程中会遭遇各种各样的问题。当你面对一个各项表现落后尤其是成绩落后的班级时，请不要泄气，要注意观察，想方设法去寻找发挥学生潜能的最佳点和学生发展的优势方向，并创造一定的学习条件，这样就有可能点燃学生的智慧火花。

一、开设具体的班本课程，放飞心灵

班本课程就是以班级为平台，充分利用班级资源，以满足全班学生的发展需要为宗旨，由班级和学生共同开发的班级课程。

我每带一个班，都会根据孩子们的学情、特性及发展需要，开设一两门符合本班孩子特色的实质性课程。我接手的"红苹果班"的孩子成绩一般，第一次考试平均分居然比第一名的班级落后15分之多，及格率、优秀率统统是全校倒数第一。现实就是这么残酷，不是一两个孩子学不会，而是大部分孩子都学不进知识。每天十几个字的识字量，繁重的教学任务，如山一般压得我喘不过气来。

拼音过关最后一名，写字比赛最后一名，数学口算过关比赛最后一名，运动会最后一名，广播体操比赛最后一名……面对这样一个几乎令人绝望的班级，从三年级开始，我通过开设班本课程来进行突围。我发现班里的孩子尤其爱唱歌，歌声婉转悦耳。那就不妨从唱歌入手吧。我开设了一门具体的班本课程——乘着歌声的翅膀。每周学一首歌：让孩子们认真誊抄歌词，在校跟唱，在家跟电脑学唱。一首歌听了两三遍后，孩子们过一两天就唱得非常好。我再表扬，孩子们找到了自信，唱得就更棒了。我拟了10个专题（爱祖国专题、母爱专题、周杰伦专题、校园歌曲专题、励志专题、友情专题、热爱生命专题、影视歌曲专题、经典音乐专题、快乐成长专题），精心挑选了一些有益于孩子身心成长的经典歌曲，争取到六年级毕业时，每个孩子都能学会100首歌。每一首歌的歌词就是一笔宝贵的精神财富，孩子们在歌唱中，性格日益开朗，人文素养、文化修养不经意间受到熏陶。

另外，我在"红苹果班"开展了"励志课程"和"家长课程"等，这些班本课程让孩子们渐渐树立了信心，也鼓励家长提升家庭教育素养，有效陪伴孩子，由此带动了整个班级的发展。从三年级开始，"红苹果班"的各方面开始有了明显的提升，进入四年级，在年级比赛中都名列前茅，语文成绩一跃成为全校第一。班本课程拯救了班级。

我带"小水滴班"时，班上的孩子大多比较娇气，不会搞卫生，我调查后才知道这些孩子在家衣来伸手、饭来张口。于是我开设了"孝敬教育"这门班本课程，要求每个孩子每天在家至少为家长做一件事，做家务的时间必须连续10分钟以上，并在班级中开展评选"十佳孝星"的活动，此举得到了家长的热烈拥护。

二、创设"魅力舞台"，点亮心灵

每一个孩子都有其闪光之处。班主任一定要想尽办法搭建一些平台，给孩子们提供施展才华的舞台。我带领的"红苹果班"缺少人才，没有尖子生，面对这样的窘境，我竭力鼓励班上的孩子。我专门在教室后面的宣传栏开辟出一块地方作为"魅力舞台"，给在美术、作文、手工、画画等方面有专长的孩子举办个人展，并在教室的前门上贴宣传海报，这大大调动了孩子们的积极性，树立了孩子们的信心，取得了事半功倍的效果。

【我的案例】

开辟魅力舞台——宣传栏的巧妙运用

新教室充满了现代气息——后墙壁中间是深绿的磁性小黑板，两边各有一米见方的可随意张贴的小园地。

我异常兴奋，那不是可以开辟出一块基地来让孩子们展露身手吗？

学习，不只是一个个红艳艳的分数。作为班主任，我更喜欢孩子们学有所长：潇洒俊逸的书法，惟妙惟肖的画作，栩栩如生的十字绣……让每一个孩子尽可能地展现光芒，是我孜孜不倦的追求。

灵感来了。

我为"红苹果班"的孩子们在后墙壁靠窗的那一块开辟了一个名为"魅力舞台"的专栏——上面张贴的可以是美术作品、手工作品、作文、小报、小制作等，每期只展示一个孩子的作品，还要这个孩子为自己制作一张宣传海报，上面有自己的美照，有对自己爱好、特长的介绍。

我美其名曰，为学生举办个人展。

我在教室里向孩子们做了热情的动员报告，在校信通上向家长们发出了热烈的呼吁。居然一下子有20多个孩子报名，甚至还有多位家长来电咨询如何操作。

良好的开端是成功的一半。我喜上眉梢。

首先登上"魅力舞台"的是小煜。这个女孩学习成绩中等，但对美术尤其有感觉。一年级开始，她就参加了校美术兴趣小组。指导老师多次告诉我，孩子很认真，但创新能力匮乏，后劲不足。

唉，小煜一直在学习上不能有所突破，尽管她那么努力、那么用心，成绩却始终在中游徘徊。随着年级升高，她似乎越来越力不从心，忧郁悄悄爬上了她的眉梢。

我看在眼里，急在心里。如何帮孩子找回自信呢？

因为认真，她在美术上比一般孩子强，我想，这就是她的天赋，那就从她的长处入手吧。

我多次找到孩子的妈妈，建议让她报名参加校外的美术班以强化特长。她的家境富裕，完全有能力承担学习费用。

她妈妈动心了，带她报了金凤凰业余学校。

因有校美术兴趣小组的基础，她比其他孩子有功底。在那里，她找到了自信，找到了属于她的舞台。她的作品越来越大气……自然而然，她成了我们班"魅力舞台"的首期魅力之星。

小煜笑了。

给孩子们一个舞台，他们会还给我们许多惊喜。做老师的，做班主任的，要做搭桥、点灯的人。

"长河班"，我带了一年，孩子们遵守纪律还不错，就是语文、数学、科学和英语的成绩，在年级中不是倒数第一就是倒数第二。同一位数学老师任教，我班的数学成绩比隔壁班平均分少10分。六年级由我接手后，我想，拼智商肯定拼不过其他班，我就从非智力因素入手。"不比吃穿比才艺，不比成绩比进步"，我把这两条标语张贴在教室里的醒目处，每天让孩子们读两遍。我给孩子们开设魅力舞台，给学习成绩一般的于天之同学在学校里开设"国画专题"展……唤醒了孩子们的自信，进而使孩子们获得了学习上的进步。

策略24：首因折射

心理学上的"首因效应"

小弟要外出工作，哥哥教导说："要好好干！勤快些，特别是在刚开始时，要给别人留下好印象，即使以后有时偷懒，别人也会想：谁都会有想休息的时候啊！最初就给别人一个懒惰的印象，即使以后变得勤快了，人家也要撇着嘴不屑一顾地说：懒虫一个！还装什么装！"

> 1957年，心理学家卢钦斯（A. S. Luchins）做了这样一个实验：他编撰了两段关于一个名叫吉姆的男孩的生活片段的文字。第一段文字将吉姆描写成热情、外向的人，说吉姆与朋友一起去上学，他走在洒满阳光的马路上，与店铺里的熟人说话，与新结识的女孩打招呼等；另一段文字则相反，把他描写成冷淡而内向的人，说吉姆放学后一个人步行回家，他走在马路的背阴一侧，不与新近结识的女孩打招呼等。在实验中，卢钦斯把这两段文字加以组合：
>
> 第一组，描写吉姆热情外向的文字先出现，冷淡内向的文字后出现。
>
> 第二组，描写吉姆冷淡内向的文字先出现，热情外向的文字后出现。
>
> 第三组，只显示描写吉姆热情外向的文字。
>
> 第四组，只显示描写吉姆冷淡内向的文字。
>
> 卢钦斯让四组人分别阅读一组文字材料，然后回答一个问题："吉姆是一个什么样的人？"结果发现，第一组中有78%的人认为吉姆是友好的，第二组中只有18%的人认为吉姆是友好的，第三组中有95%的人认为吉姆是友好的，第四组中只有3%的人认为吉姆是友好的。
>
> 第一组和第二组，内容相同，只因顺序不同，人们对吉姆的印象竟有如此大的差别！也就是说，信息呈现的顺序影响了对人的整体看法，先呈现的信息比后呈现的信息有更大的影响。

第一次接触陌生人或事物形成的印象先入为主。这种印象不易改变，甚至会左右对后来获得的新信息的解释。最先建立"外向"的印象，即使看到与"外向"不符的事实也倾向于忽视；最早建立"内向"的印象，即使看到与"内向"不符的描写也不愿意改变先前的看法。

"良好的开端是成功的一半。"好的第一印象有助于我们工作的顺利进行；坏的第一印象有时会使英雄无用武之地，也会给以后的工作、生活留下绊脚石。

三国时期，庞统准备效力东吴，去面见孙权。孙权见庞统相貌丑陋，又有几分傲慢不羁，顿时感到不快。最后，这位广招人才的"招聘者"竟把与诸葛亮齐名的奇才庞统拒之门外，鲁肃苦苦相劝也无济于事，可见第一印象的影响之大。

班主任要打响第一炮，尤其是新接班的第一炮，用心构思每个学期开学的第一天，就能取得事半功倍的效果。

一、精心打扮，服装得体，给孩子以愉悦感

与孩子们第一天见面，班主任应该认真着装。若是男班主任可装扮得比平时隆重些，比如，穿上大气的T恤或得体的西服，用灿烂的笑容去迎接孩子们的到来。自我介绍时，可选择一些生动幽默的方式，比如，可以用嵌名诗、藏头诗等方式来介绍自己的名字，学生会觉得很新鲜，顿时对新班主任充满好感。

二、用心准备小礼物，给孩子以欣喜

开学第一天，我都会给孩子们精心准备一些小礼物，比如，"红苹果班"二年级时，我为每一个孩子准备了一个绒毛小玩具，当有孩子上来拿时，我就拍拍他的肩膀，诚挚地对他说："祝你如喜羊羊一般聪明可爱！""祝你如小老虎一般虎虎有生机！"……

孩子们拿到这样的礼物，自然非常欢喜，对老师的印象也更好了。

带"诗翔班"时，开学的第一天，我给每个孩子送了一份特别的礼物——用每个孩子的名字编两句诗，并把他的名字嵌在里面，然后打印出

来，装在信封里，作为见面礼送给孩子。别出心裁的礼物给孩子们留下了美好的印象。

张晓婷——晓荷绽颜无限娇，婷婷玉立性高洁。

沈诗媛——唐诗宋词皆上品，琴棋书画小媛通。

梅杰——梅花香自苦寒来，若想杰出勤为先。

……

我把信封交给每一个孩子，告诉他："真高兴，能与你做师生，让我们珍惜缘分吧！"这样的礼物拉近了班主任与学生之间的心理距离。

三、敲击键盘，发条信息，给家长以温暖

每个学期开学的前一天，我都会给家长发一条信息：

亲爱的家长您好！感谢过去一个学期里您对我的支持和鼓励！新学期又开始了，让我们一起努力！

信息拉近了我与家长之间的心理距离，家长更愿意支持和配合我的工作了。

【我的案例】

开学第一天，蹚进一条美美的诗意之河

抓好了开端，才有干好工作的可能。事情虽小，但是意义十分重大。

——特级教师张万祥

1. 一个美妙的欢迎仪式

九月的阳光，如金子倾泻；九月的秋风，如轻纱拂面。几多的期盼，几许的等待，迎来了今天——一个光辉灿灿的日子——9月1日，开学的

第一天。

"我想要怒放的生命，就是飞翔在辽阔的天空，就是穿行在无边的旷野，拥有无尽的力量……"我的手机闹钟音乐是汪峰的《怒放的生命》。

怒放的生命，如鲜花怒放。

紫色小碎花上衣，白长裤，端详着镜中的自己，我微微一笑，我将与孩子们在二年级明亮的天空下约会。

早晨6点40分，清新的空气里，我蹬着自行车去上班。

吃过早餐，7点10分，我走进教室，与电话中早已约好的张煜和张杭宇一起，等候同学们的到来。

"你好！欢迎你！""你好！新学期好！"两只可爱的小鸟如黄莺在鸣唱。

这两位形象大使，一个是懂事的人气选手，一个是学习上的黑马代表——上学期出乎意料，金榜题名。

在我们的欢迎下，孩子们一个个进入教室，找到座位，安静地坐下，甜甜地笑着。

一个美妙却又朴实的欢迎仪式带给孩子们温暖。

2. 一首美丽的诗歌

曾几何时，小心翼翼地，我们一起蹚过了一条名叫一年级的河，有过湍流，有过旋涡，尽管还有这样那样的不如意，可是，我依然为我们班的孩子们骄傲！这一程，我们走得好艰辛，也好孤寂。没有诗、没有画的日子，我们的心灵孤寂又不安。然而，我们用恒心和坚忍浇灌出了一朵朵小花，香气不够浓郁，却还娇艳。我们信心百倍地迈进了二年级的天空。

送首什么诗来庆祝呢？

我决定在教室后面的黑板上写上"二年级的天空更明亮"。

二年级的天空更明亮

许丹红

今天,是九月的第一天
一个个可爱的红苹果
从八月的家中匆匆赶来
来到美丽的中山路小学,
从此,
踏入二年级明亮的天空
书写新的传奇

——

昨天晚上,我反复斟酌、思考,突然,这么一首诗跃入了我的脑海。它与我们的班名"红苹果班",与孩子们的意象那么吻合。

感谢求学路上那些精心浇灌我的老师们。是他们在我的心中培育了一颗文学的种子。让如今在平凡岗位上工作的我,可以这么恣意地播撒幸福与快乐。

我们来到了会议室。

打开课件,孩子们轻轻地读。

"今天,是九月的第一天。"孩子们跟着我读,"今天,是九月的第一天。"

"一个个可爱的红苹果,从八月的家中匆匆赶来。"我微笑着来到了孩子们的中间。

"一个个可爱的红苹果,从八月的家中匆匆赶来。"孩子们深情地跟读。

我走到高鑫的身边,摸着他的小脸,"可爱的红苹果——高鑫,从八月的家中匆匆赶来""来到美丽的中山路小学",在我的示意下,孩子们跟着读。高鑫开心地笑了。

"可爱的红苹果——媛媛,从八月的家中匆匆赶来。"我用手臂抱一抱小女孩，她一脸的灿烂。

"来，孩子们，像刚才许老师那样，把自己的名字响亮地说出来，填入诗歌里！"我挥挥手，让孩子们站起来。

"现在请你把名字换成好朋友的名字，手拉着手，一起用诗歌表达你们纯真的友谊吧。"

几个孩子离开了座位，更多的孩子与他们的同桌拉着手，深情地说：

  从此，

  踏入二年级明亮的天空

  书写新的传奇

  ——

这时教室里流淌的是快乐、幸福和喜悦。

"孩子们，'二年级的天空更明亮'，你知道是什么意思吗？"我出示教室后面黑板上的字。

"更明亮，就是许老师希望我们更聪明。"

"更明亮，就是许老师希望我们乖乖的。"

"更明亮，就是许老师希望上课时纪律好！"

"更明亮，就是许老师希望我们的卫生也要好！"

我好佩服眼前这群孩子。

"看看谁最明亮！"我轻轻地说了一声，孩子们就把两列队伍排得笔直。我们斗志昂扬，就这么走进了二年级的天空，来到了操场，参加属于全校孩子的最隆重的庆典——开学典礼。

这样的诗歌，没有一句说教，没有一点指手画脚，把孩子们的生命意象、教师的希冀紧紧结合在一起。这是只属于我们的诗歌，孩子们怎能不开心和激动呢？

3. 一件美美的礼物

"发礼物喽!"

我让孩子们闭上眼睛,轻轻取出我的礼物袋,把它放在书桌上。

等孩子们睁开眼,他们马上惊叫起来。

我为52个孩子精心挑选了很多毛绒小玩具,有美丽动人的美羊羊,有可爱鲜艳的小老鼠,有喜气洋洋的小牛……全都是孩子们喜欢的卡通形象。

我几乎走遍了整个梧桐城,才找齐这些礼物。

"祝你二年级牛气冲天!"递上小牛,我笑着祝福。

"祝你学习上年年有余,一天更比一天好!"递上小鱼,我不忘祝福。

"祝你如米老鼠般人见人爱!"接受礼物的孩子露出了甜甜的笑容。

……

送礼物的人,收礼物的人,每个人的脸上都洋溢着快乐。

"许老师,你对我们太好了!"有孩子在下面喊。

"许老师,谢谢你!"孩子们举着礼物高呼。

放学了,依然有孩子舍不得把玩具放进书包,拿着它朝我美美地说:"许老师,再见!"

小小的礼物,带给孩子们特别的惊喜,也拉近了师生之间的距离。

4. 一个美滋滋的命令

我布置的一项暑假作业是养一盆绿色植物或者一只小动物(如金鱼、小龟等)。

今天,大多数孩子带来了"作业",有火红灿烂的石榴,有美丽的小蝴蝶花,有姿态傲人的仙人掌,有无限柔情的绿萝……

有家长告诉我,整个暑假孩子都在为他的植物操心,每天浇水、晒太阳、拔草……整个教室,因为这些绿色植物而焕发着勃勃生机。

开学第一天,班主任可用心预设一些精彩的环节,比如红包抽奖、虎年送福等别具一格的方式,给孩子们以惊喜,也拉近班主任与家长们之间的心理距离,密切班主任与孩子们之间的感情。

策略25:戴上光环

心理学上的"光环效应"

在日常生活中,我们论及一个人的品质时,主要使用哪些信息呢?首先是容貌。社会心理学家戴恩(K. Dion)曾做过一项实验。他让参与者看一组照片,并根据容貌将照片上的人分成很有魅力、中等魅力和无魅力三个等级。然后,让参与者评价这些人的其他方面,如婚姻美满程度、在人际交往中的受欢迎程度、职业地位等。结果发现,参与者对很有魅力者各方面的评价都明显地高于中等魅力者和无魅力者。

这个实验告诉我们,人的容貌的影响力会辐射到他(她)的其他方面。所谓"一俊遮百丑",长得好看的人,其他方面也优于普通人——这是我们根据自己的好恶判断而对他人形成的一种夸大的社会印象,正如日月的光辉,在云雾的作用下形成光环。美国心理学家凯利(H. Kelly)把这种心理现象称为光环效应,即人在与他人交往中对他人形成以点概全的主观印象。如果我们采用的局部信息是积极的,就会给这个人戴上积极的光环,认为他所有的品质都是好的。

陶行知先生说:真教育是心心相印的活动,唯有从心底发出来,才能到达心的深处。学生心灵的成长需要激励,激励教育的实质不只是教育方法,更是一种教育思想。它以尊重学生为前提,以激发兴趣为先导,以开掘潜能为宗旨;它着眼于学生学习动机的培养和学习动力系统及道德内化机制的完善,立足于学生主体性的发挥,从而促进他们主动地发展。班主任可利用光环效应,当某个孩子有进步或表现好时,采取送诗鼓励等方式向孩子传递积极的信息,给他戴上积极的光环,促其进步。

班主任要用真心去换取真心,用真爱去赢得真爱,用如火的热情、如诗的爱心、如水的耐心,努力营造一方诗情画意的世界,让激励在诗意中散发馨香。

一、晨诵送诗暖人心

每当孩子取得学习或行为习惯上的进步时,我就精心挑选一首符合其意象特征的诗,进行有意义的改编,作为礼物送给他,并让全班学生诵读,体会诗歌的含义。

儿童诗很多,日本作家金子美玲和我国作家金波等的儿童诗都很经典,适合反复吟诵。班主任可进行适当的修改,把要表扬的孩子的名字嵌进去,再让全班孩子吟诵。这种表扬很特别而且有意义。

在每周两次语文早读的时间,我组织了"晨诵送诗"活动,以此来激励孩子们。

【我的案例】

每一个人都是很棒的

我和小鸟和铃铛

[日] 金子美铃

我伸展双臂,

也不能在天空飞翔，

会飞的小鸟却不能像我，

在地上快快地奔跑。

我摇晃身体，

也摇不出好听的声响，

会响的铃铛却不能像我，

会唱出好多好多的歌。

铃铛、小鸟，还有我，

我们不一样，我们都很棒。

周一，又到晨诵的时间了。这天吟诵的是《我和小鸟和铃铛》，孩子们反复吟诵后，我让他们谈一谈：这首诗让你懂得了什么？金子美铃的诗通俗浅显，这首诗充满了童趣童真。

"每样事物都有它的长处，都是很棒的。"谈小英说。

"世间的每一个生物都有自己的长处，我们要扬长避短，做最优秀的自己。"陆志宏说。

"我们每个人都有自己的长处，我们要发挥出自己的长处，这样我们就是最棒的！一个人不可能十全十美，只要我们扬长避短，就能更上一层楼。"陈超说。

"是啊，孩子们，尺有所短，寸有所长，我们要学会扬长避短，做最优秀的自己。"我说。

"下面我们一起把这首诗送给心灵手巧的戴坚强同学。"我在黑板上写下了这么一段话：

亲爱的戴坚强啊，

你的双手很灵巧，

只要你努力，

你的未来一定很辉煌！

孩子们朗诵："亲爱的戴坚强啊，你的双手很灵巧，只要你努力，你的未来一定很辉煌！"大家伸出双手，做出送礼物的样子。戴坚强激动地说："谢谢同学们，我会努力的。"一直以来，他除了语文偶尔能考出三四十分，其余学科的成绩都是个位数，虽然他的基础差，但是他一直很努力，从来没有落下任何一项作业。课桌椅破损时，他总是及时修理。撇开学习成绩，他是那么可爱！

"亲爱的孩子们，每个人都有他生存的道理。看看戴坚强，那么踏实，为人又这么善良和热心，他的双手这么灵巧，将来可能成为汽车修理大师或者赚钱高手，照样能成功。孩子们，每个人都是与众不同、独一无二的自我，每一个人都是很棒的。"

一张张甜美的笑脸，一声声动情的吟诵，还有那张泪光盈盈的脸，分明告诉我：温暖的春天已经留在戴坚强的心里了。

二、嵌名小诗为礼物

要过新年了，我该给"红苹果班"的孩子们准备什么新年礼物呢？我想到了给每个孩子送一句嵌名诗，把孩子的名字嵌在两句诗里，写在彩卡纸上，去照相馆里塑封好，当作礼物送给他们。这下，孩子们可开心了。

【我的案例】

师心贺新年

1. 制作心愿卡

打开包，看到上次上公开课剩下的八张彩色心形卡，我觉得扔了可惜，不禁动起了脑筋：要不，在这些心形卡上写上"嵌名诗"，当作新年礼物送给孩子们，一定会很受欢迎吧？！

说干就干，我又去文具店买了淡黄、土黄、苹果绿、天蓝色彩纸。打开彩纸，对折再对折，用剪刀轻轻剪出一个心形。30分钟后，50张漂亮的心形卡就做好了。

接下来，就是最富创造性、最需要花时间的重头戏了——把全班50个孩子的名字编成两句有意义的诗：

左纯存——清纯可爱惹人爱，志存高远展翅飞

夏月婷——如月娴静芳香溢，婷婷玉洁世无双

尤艺雯——艺海无涯苦作舟，小雯幸福乐无边

陆思佳——有位佳人美如画，勤思乐学奔前程

时媛媛——此女非同一般，赛过名门书媛

钱　盈——盈盈如水美如画，芳香清雅赛仙子

祁昊艺——祁家有儿名昊艺，健康可爱幸福伴

毛小艺——一位小小好姑娘，德艺双馨人人爱

朱慧钰——智慧灵巧赛如玉（钰），人见人爱美无瑕

陈为佳——为人高雅品性高，盈盈佳人静伫立

祁成成——学业有成成大事，巾帼英雄能胜男

陈箫箫——陈年旧月徐徐去，长箫短笛笑（箫）迎春

高　明——计策高明无人比，若想杰出勤为先

姚　炜——遥（姚）盼岁末圣诞至，伟（炜）业新年功倍至

高　鑫——财鑫莫可论，气质当高远

林余乐——林余两家喜牵手，快乐源源不断来

潘　龙——展翅腾飞中华龙，美名笑傲江与湖

陈思豪——思想深邃睿智集，豪气冲天壮志酬

朱晓斌——拂晓大地一男亮，文武双全样样通

陈浩翔——浩瀚天地苍茫，雄鹰展翅飞翔
张杭宇——苏杭自古已盛名，浩渺宇宙无人敌
周滋行——生活有滋有味香，行家里手潇洒唱
姚沈杰——姚沈两家喜相逢，杰出男儿随之来
陈金伟——如金熠熠闪光芒，伟岸帅气好男儿
庄校晴——菁菁校园读书忙，晴空万里雄鹰翔
陈铭鑫——遥望鑫富陈年去，不尽旧情铭于心
时应双——冬来雪舞时光转，春应花和双蝶飞
赵国梁——国之栋梁好男儿，自小勤奋世无双
张英杰——一代巾帼英雄，此乃女中豪杰
朱振宇——振翅腾空起，宇宙风浪高
沈俊彦——性情中和美为彦，品质雅达才是俊
王　婷——王家有女赛天仙，婷婷玉立品高雅
徐斌宇——形宇文质彬彬（斌），朗月清风徐徐
夏鸣龙——夏日许心愿，鸣啼丹青现，龙城宏图志，好年贺开颜
范宇玮——宇宙浩渺天地宽，丰功伟（玮）业等君创
张铤峰——铤儿笑看巍峨峰，我比山高当自强
陈坚敏——步伐坚定迈向前，做事敏捷快如风
姚文丽——文静淡雅清丽，恰似茉莉飘香
张　煜——张目对天辨夜昼，煜煜光芒照古今
孙笑叶——笑沐春风灵性露，一叶扁舟学海游
陈　松——陈家男儿有所为，如松挺拔拇指伸
吴子涵——君子兰香沁心脾，学识涵养胜人筹
沈奕晰——神采奕奕品高雅，浪漫清晰如梦香
钱怡笑——心旷神怡心高洁，嫣然一笑众人爱

杨嘉德——勤思乐学嘉奖来，德才兼备好男儿

　　倪慧洁——智慧内秀人人夸，洁雅芬芳就是汝

　　李　起——李家有女甚可爱，起身向前奔明天

　　王书鹏——书生意气奋发蹄，鹏程万里前程灿

　　丁梓莹——桑梓盈盈美如画，月华如水莹如镜

整整三个晚上，我绞尽脑汁，每想到一个孩子的名字，我的眼前立刻就浮现出他的音容笑貌，我努力去寻找这个孩子的优点，一颗心顿时柔软起来。抛开成绩，每个孩子都是那么可爱、有趣。每想到一句合适的诗句，我就特别激动。

有些孩子的名字很难编诗，很难想出特别好的含义，于是，我只好暂时先放一放，等写好其他孩子的，也许灵感会突然涌现。

赋予了特别含义的诗句和祝福使卡片有了生命的气息，瞬间灵动起来。

2. 为心愿卡塑封

我一张一张地整理辛辛苦苦做出来的礼物，就这么一张薄纸片，没有多长时间就破了，那不是枉费了我的一番苦心？

怎样才能长久保存呢？

我想到可以塑封起来。

其实，我并不指望有了这张卡片，孩子们的成绩就能有立竿见影的进步。我只想给孩子们一份美好的回忆。

3. 发放心愿卡

周一，寒风凛冽。我带着微笑走进了教室：

"孩子们，1月1日是元旦，是新年的第一天，许老师给你们准备了新年礼物，大家想要吗？""想要！"一听有礼物，孩子们都很激动。

我拿出心愿卡，朝孩子们扬了扬，"这可是许老师花了10小时亲手做出来的礼物。我根据你们的名字，给你们每个人写了两句诗，可要好好珍惜

哦！说实在的，许老师是100元一张也不会卖的！里面凝聚的可是我的心血哦！"

我开始送礼物了，每叫一个孩子的名字，就把描写他的诗句读出来。孩子们红着小脸，小跑着上来，双手接过卡片，恭恭敬敬地说："谢谢许老师！"

……

在实施激励教育的过程中，我把学生当作能动发展中的主体来看待，尊重他们的主体性和能动性，通过送嵌名小诗来满足学生的兴趣、情感等需求，点燃他们求知、进取的火花，给他们戴上天使的光环，以此来帮助他们建立自信。

策略26：花树瀑布

心理学上的"瀑布心理效应"

一个活泼可爱、曲不离口的小女孩，享受着家人无微不至的呵护。她学习成绩优异，作文水平获得众人称赞，她享受着亲人的宠爱、老师的偏爱、同学的关爱，如一只快乐的小鸟，自由驰骋在音乐的王国里，播撒着幸福与欢笑。那时，接触音乐只能靠家里的收音机，《请跟我来》《小螺号》《童年的小摇车》《小小的我》……听上几遍后，悟性不错的她就能跟着曲调哼唱出来，甚至还能唱上几段越剧。在村里的小伙伴中，她算得上小明星了。家中、路上、校园里、田野上，她肆无忌惮地哼唱着，享受着童年的无忧与纯真。

这样的美好时光一直延续到她16岁，那一年她去百里外的师范学校求学。在那里，她接受了三年正规的音乐训练。照理，她的歌唱水平该多上几个台阶。遗憾的是，她却成了一个只会听而不会唱的"歌盲"。

　　进师范学校半个月后的一节音乐课上，老师摸底了解每个人的歌唱功底。那天，她从摘抄的歌词本上精心挑选了一首程琳唱的《耳边的话》。音乐老师端坐钢琴边，拿着班长递上来的花名册，逐个叫学生演唱。

　　独自站在钢琴边，不知何故，她的声音瑟缩："耳边的话，是温柔的话……"尽管声音小，可她的自我感觉还不错。没想到老师笑着说了一句："太轻飘了。"一种本能促使她凑过去看老师打分。天哪！只见老师拿起笔，写了一个"2"字。

　　"2分？"她的记忆中从没有过如此差的成绩。她是唱得不够响亮，也许她的音准不够，也许……事后，从同寝室的副班长那里了解到，她是全班的最低分，她的心痛得如针扎一般。怎么办？怎么办？有办法弥补吗？

　　第二天，又有音乐课，她如坐针毡，好不容易挨到下课。她等同学们都已离去，双腿颤抖着走到音乐老师身边，说："老师，我的音乐成绩这么差，怎么办？"她的眼泪在眼眶中打转。"哦，你的声音太轻了。"老师轻描淡写地说。她识趣地走出了教室。

　　自此以后，她闭上了曾经那么爱唱歌的嘴巴。

　　用进废退，唱歌成了她童年的沙滩上最美丽的一枚贝壳。

　　上面的故事是我的亲身经历。当年的音乐老师刚参加工作不久，她或许早已经忘记了，当年她随意打的分数、她的一句话，竟会给一个女孩的心灵造成如此大的伤害。

　　某人随便说出的一句话，却"一石激起千层浪"。这种现象在心理学上被称为"瀑布心理效应"，即信息发出者的心里比较平静，但传出的信息被

> 他人接收后引起了轩然大波,从而导致其态度行为的变化。这种心理效应正像瀑布一样,上面平平静静,下面却浪花飞溅。

因为有了上面的经历,在对孩子们说话时,我从不挖苦和讽刺。当看到孩子调皮时,我也会尽力克制,避免嘲讽。许多时候,我们不经意间脱口而出的话,会让年幼的孩子感到十分难堪。我希望可以做到:我脱口而出的话,我的一些看似不经意的做法,能在孩子们的心里掀起感动、甜蜜和温暖的波澜……

一、女生花语,把每一个女生比喻成一朵鲜美的花

我告诉班上的女生们,无论成绩优劣,无论长得是否美丽,每一个女孩都是一朵娇艳盛开的花朵,要珍惜自己,爱护自己,并努力让自己的言行与芳香扑鼻的花朵相符。

我给女孩们赋予花的含义,希望她们在未来的日子里都能做心思细腻、花香沁人的女子。

钱怡笑:牡丹花奖;

原青:荷花奖;

吴子涵:百合花奖;

陈为佳:茉莉花奖;

倪慧洁:山茶花奖;

孙笑叶:杜鹃花奖;

王婷:白兰花奖;

夏月婷:芙蓉花奖;

沈奕晰:水仙花奖;

张煜：郁金香花奖；

胡蝶：栀子花奖；

尤艺雯：海棠花奖；

范宇玮：梅花奖；

敖企伦：翠菊奖；

朱慧钰：芍药奖；

左纯存：紫藤花奖；

姚文丽：迎春花奖；

张英杰：野山菊奖；

时媛媛：紫荆花奖；

钱盈：紫罗兰奖；

祁成成：豌豆花奖；

小艺：睡莲奖；

陆思佳：桃花奖；

……

至于小艺，一开始我真的想不出该送她什么花合适，她其貌不扬，资质平庸，学习成绩糟透了，学什么都比别的孩子慢好几拍。可她只是还在沉睡，我相信，总有一天，属于她的灿烂生命一定会绽放。"睡莲"，就送她"睡莲"吧。只是她还静静地睡在黑夜里，天上闪闪的星星辉映着，她一定会美丽绽放。两年后，我离开"红苹果班"到了新的单位。在开学前的某一天，我收到了小艺爸爸送来的锦旗，他说："许老师，谢谢您对我家孩子的呵护。等她长大了，我一定带着她来看您。您这么尽心尽责，丝毫没有看不起我家小艺，我们很感动。"接过那面"爱岗敬业 无私奉献"的锦旗，我知道，我所做的一些尝试已给孩子、给家长的心里留下了温暖的回忆。

二、男生树魂，把每一个男生比成一棵挺拔的树

孙云晓说，救救男孩！

在小学阶段，男生的心智明显弱于女生，男生很幼稚，做事毛手毛脚，缺少责任感。我经常告诉男生：20年以后，你们一个个都要做爸爸的，一定要让自己稳重，"稳"字当头，如山一般沉稳，如树一般挺拔，那样你们才能扛起家庭和事业的责任。

我赋予每一个男生树的灵魂，希望他们未来都能做顶天立地的男子汉——

张杭宇：楠木奖；

陈箫箫：杉木奖；

李玮：白桦树奖；

陈思豪：银杏树奖；

周滋行：紫檀树奖；

夏鸣龙：橡树奖；

黄泽洲：樟树奖；

陈松：迎客松奖；

高明：槐树奖；

姚炜：榉树奖；

陈浩翔：榕树奖；

陈金伟：柏树奖；

姚沈杰：雪松奖；

徐斌宇：木棉树奖；

朱晓斌：菩提树奖；

杨嘉德：柳树奖；

潘龙：枫树奖；

张珽峰：椰子树奖；

赵国梁：冬青树奖；

陈铭鑫：红松奖；

王书朋：桑树奖；

赵成俊：杏树奖；

陈佳辉：槟榔树奖；

朱振宇：杨树奖；

沈俊彦：石榴树奖；

时应双：栎树奖；

林余乐：枞树奖；

高鑫：桃树奖；

庄校晴：桑树奖；

……

我告诉男生："你们就是一棵棵挺拔的树，组成了'红苹果班'的小树林。树要给依偎在它下面的小花小草遮风挡雨，你们将来要做家庭的主心骨，一定要有责任心。"

花树瀑布精神鼓励法，给了孩子们很好的熏陶，女生开始变得端庄、优雅，说话也渐渐温柔和善解人意了；男生开始变得稳重、坚毅，班级的发展开始步入良性循环。

策略27：赋予专称

> **心理学上的"翁格玛丽效应"**
>
> 有个名叫翁格玛丽的女孩，本来长得不是很美。但是，她的家人和朋友都给她信心，从旁鼓励，每个人都对她说："你真美。"由此，女孩有了信心，每天照镜子的时候，都觉得自己很漂亮，也在心里对自己说："其实，你很漂亮。"渐渐地，女孩真的越来越漂亮了。

曾经看到过一个案例，一个二十出头的姑娘，因为其貌不扬，一直不够自信，整个人也黯然无光。爸爸妈妈看了疼在心头。后来，爸爸为了增强女儿的信心，给女儿写匿名求爱信，信中满是对姑娘的赞美。因为有人欣赏，姑娘越来越自信，也因此变得光彩照人了。

"翁格玛丽效应"是教育心理学术语，即对受教育者进行心理暗示——"你很棒，你能做得更好"，从而使受教育者认识自我，增强信心。

在被表彰和嘉奖后，受表扬者自然会不断地追求进步；而未受表扬者也会受到心理暗示——"只要你努力，机会一定会降临"。

在带班时，班主任可以动些小脑筋，给学生一些荣誉或特定称谓，这些精神上的鼓励犹如"糖衣药丸"，糖衣只是引子，但糖衣能让药丸变得可口。物质奖励需要事先准备，难以随时随地给予，其作用也是短暂的；而精神奖励即时可行，起到的作用是持久性的，可以让人终身受益。

一、名字冠名，授予冠名权

当某学生有进步，或者在某方面很突出时，我就给他一样精神奖励。例如，"小水滴班"的王熙蕾的值日工作是整理讲台，她每天一丝不苟地清理讲台两回，我就赋予这个讲台一个名称——"熙蕾台"。又如，我把抄写小黑板的任务交给我班书法最棒、最认真的屠诗颖同学，她每一回都认真誊抄，从不偷懒，我称那块小黑板为"诗颖黑板"。再如，我带"红苹果班"时，班上的孙笑叶尤其爱看书，每周都会上市图书馆借书，阅读量非常大，于是，我把"红苹果班"的图书吧命名为"笑叶书吧"，以调动她的积极性，并促进其他学生踊跃阅读。

二、专日开设，授予命名权

当有孩子表现出色时，我就把这一天用这个孩子的名字命名为"某某公主日"或"某某王子日"：小公主穿上裙子，戴上大红的玫瑰花冠；小王子穿上西装，戴上黑领结，头戴王子头冠。我会送上符合他（她）生命特质的诗或词，再精心挑选一首歌曲送给他（她），当然还要对歌词进行改写。

【我的案例】

生命的庆典——子涵公主日

2012年3月7日，一个平凡普通的日子。

中午，轮到我午休，我却走进教室，打开电脑里的PPT文件。紫色的背景上，一个可爱的卡通女孩斜倚在树枝上，两行黑色的大字格外醒目："3月7日，子涵公主日"。这个画面和文字出现在屏幕的那一刹那，全班孩子都惊呆了。

"今天是3月7日，因为子涵负责任和爱妈妈，所以我宣布今天为'子涵公主日'。"下面掌声如潮。

子涵面带微笑大大方方地走上来。她穿了一条黑呢裙，上身是一件红羽绒服。我为她戴上了用大红的仿真玫瑰花制作的花冠。在我的示意下，她还了我一个公主礼：微微斜着身子，右手轻轻拎着裙子，左手放在身上，优雅而迷人。

班长周滋行上来表示祝贺："子涵同学，我代表全班男生祝贺你！"子涵再次微笑着还礼。

中队长周原青上来表示祝贺："吴子涵，你真棒！我代表全体女生祝贺你！"子涵又一次面带微笑还礼。

"亲爱的吴子涵，祝贺你！向你学习！"全班同学站起来，齐声向她表示祝贺。

我精心挑选了一首词《行香子·茉莉花》送给她：

天赋仙姿，玉骨冰肌。

向炎威，独逞芳菲。

轻盈雅淡，初出香闺。

是水宫仙，月宫子，汉宫妃。

清夸苦卜，韵胜酴醾。

笑江梅，雪里开迟。

香风轻度，翠叶柔枝。

与王郎摘，美人戴，总相宜。

女生齐声吟诵，男生又一起站起来吟诵。

我还为子涵精心挑选了一首歌《好一朵美丽的茉莉花》，并改写了歌词：

好一朵美丽的茉莉花——送给亲爱的子涵

好一朵美丽的茉莉花

好一朵清新的茉莉花

芬芳美丽满枝丫

乖巧可爱人人夸

让我来将你夸夸

就是吴子涵

茉莉花呀茉莉花

好一朵优雅的茉莉花

好一朵迷人的茉莉花

芬芳美丽满枝丫

聪明伶俐人人夸

让我来将你夸夸

就是吴子涵

茉莉花呀茉莉花

好一朵芳香的茉莉花

好一朵馥郁的茉莉花

芬芳美丽满枝丫

歌声优美人人夸

让我来将你夸夸

就是吴子涵

茉莉花呀茉莉花

好一朵清丽的茉莉花

好一朵香甜的茉莉花

芬芳美丽满枝丫

人见人爱大家夸

　　让我来将你夸夸

　　就是吴子涵

　　茉莉花呀茉莉花

　　孩子们是第一次听到这首歌，但因有我班的班本课程"乘着歌声的翅膀"每周一歌的熏陶，到第二遍，他们就能跟着哼唱了。

　　《好一朵美丽的茉莉花》的旋律一直在教室里回荡，整个下午，子涵笑啊笑啊……

　　女生如花。

　　愿每一个女孩都能如花一般娇艳。

三、形象代言，赋予代言奖

　　在每个班级中，总会有在某方面有突出才能的学生。可以让孩子担任形象代言人。我带"小水滴班"时，曾设置过一个形象代言人的广告栏，上面是孩子的照片，下面分别张贴着：文明礼貌代言人、积极发言代言人、工作负责代言人、作业整洁代言人……平时叫某个孩子起来发言时，我就加一个前缀："××代言人××同学请你回答……"被叫到的孩子往往非常开心。

四、申请专利，赋予专利奖

　　孩子的一些小发明，或是具有独创性的学习方法和解题思路，可用其名字来命名，如"××发现""××猜想""××实验""××方法"等，还可一本正经地制作和颁发"专利证书"。

奖励作为教育手段，是要给孩子内在的、持久的精神动力，而不只是为了一时的满足。它虽不是童话，但需要童话的浪漫，需要可贵的童心。上述这些精神上的奖品，因注入了师生之间亲密无间的情谊和真诚平等的交流，有了强大的"附加值"，其"身价"和实效也随之成倍增长，如同在淡水中加入了一点茶，变得生动馨香。

策略28：迎插班生

> **心理学上的"对等效应"**
>
> 心理学和动物学专家曾经做过一个有趣的实验：在两间相邻的镶嵌着许多镜子的房间里，分别放进两只猩猩。一只猩猩性情温驯，它刚进到房间里，就高兴地看到镜子里面有许多"同伴"对自己的到来报以友善的态度，于是很快就和这个新的"群体"打成一片，时而奔跑嬉戏，时而耳鬓厮磨，直到三天后，它被实验人员牵出房间时还恋恋不舍。另一只猩猩则性格暴烈，它从进入房间的那一刻起，就被镜子里的"同类"那凶恶的样子激怒了，于是它就与这个新的"群体"进行了无休止的追逐和厮斗，三天后，它是被实验人员拖出房间的，因为这只性格暴烈的猩猩早已因气急败坏、心力交瘁而死亡。

教师要真诚地关心正在成长中的孩子，尤其是要对孩子时时报以友善的态度。

班主任在接手班级时，难免会遇见几个插班生。插班生的情况一般是学业差的多于学业好的。若孩子各方面的发展优秀，与同学和老师相处和谐，通常家长和孩子都不愿意离开已经熟悉的具有安全感的环境，除非因为一些特殊情况或者是新居民的孩子。插班生中，十个孩子中有七个的学业或习惯或多或少有问题。

班主任该怎么做呢？首先不管这个孩子的学业和习惯如何，都只能接受，但不妨这么想，既然已经推不掉了，那就惜缘吧。因为再多的牢骚和抱怨也改变不了现实。

一、举办欢迎仪式，消除孩子的戒心

新到一个环境，成人都会感觉拘谨甚至不知所措，何况是年幼的小学生。

每新来一名插班生，我都会准备一个热烈的欢迎仪式：让全班学生为这位同学的到来而热烈鼓掌，班长上去与插班生握手，代表全班同学表示欢迎。接着，是这个孩子做自我介绍，让大家了解他的一些信息。然后，我致欢迎辞，欢迎他成为班级的一员。这个欢迎仪式会给初来新环境的孩子一份安全感，也促使他早日融入班集体。

二、致热情洋溢的迎接辞，消除孩子的陌生感

每新来一名插班生，我都会根据孩子留给我的初步印象以及他自我介绍透露的信息进行润色加工，诠释他的姓名的含义，通过给这个孩子送儿童诗、嵌名诗写一封热情洋溢的欢迎信，以消除孩子身处新环境的拘束和陌生感。人们都说教育是一件温暖人心的事情。当孩子充满戒心地来到陌生的环境，能马上得到班主任的关注，并阅读到如此优美的信，心里一定会感到很温暖。

【我的案例】

给插班生热情洋溢的欢迎辞

1. 我喜欢善良的你

亲爱的寅良：

你好！

昨天，所有的新插班生，需要六位班主任抓阄分配。我伸手一抓，展开一看，是"史寅良"。孩子，你说，需要怎样的缘分，你我才能成为师生呢？让我们一起来珍惜这来之不易的缘分，好吗？

今天，你爸爸妈妈带着你来到学校，我看见了可爱、帅气的你。在抄写回家作业时，你与坐在后面的石振涛交流，我问他是怎么回事，你连忙解释说："这预习的老规矩是什么？我问一下。"你那么坦率。孩子，你知道吗？从那一刻，我就喜欢上了你。虽然这只是一件小事，但它反映出你是一个勇于担当、落落大方的孩子。这样的孩子，必定是善良的，而善良的人，一定是受欢迎的人。因此，我告诉你：因为你是我的学生，所以我喜欢你；因为你是一个善良的孩子，所以我更喜欢你！

从你的父母那里以及你的评价手册中，我了解到你以前的成绩似乎不太理想。我想告诉你：不管你以前的成绩如何，不管你以前各方面的表现如何，那只是代表过去。关键是把握好现在，展望未来。希望你从今天，从这一刻开始，认认真真、踏踏实实地做一个热爱学习并积极向上的寅良，我相信你一定可以做到！

我们601班是一个团结、奋发的集体，是全校的优秀文明班。我相信，你的加盟，必将给我班增添光彩。我将以十二万分的热情期待着。

不知道你是否喜欢看课外书。我班的同学都是小书迷，他们一个暑假看了许多本课外书。读书的姿态是最美丽的。相信来到我们这个大家庭，你也会成为谦谦君子，成为小书迷。

最后，希望你能像我喜欢你一般喜欢我这个班主任，喜欢我们这个"红日班"。

祝你天天笑嘻嘻！

你的朋友：许丹红

2007年8月31日夜

2. 你是一位睡美人

亲爱的皖军：

你好！

一看到你的名字，我就展开了联想，这该是一个怎样的女孩呢？皖军，多么有气魄的名字！都说名如其人，想必，你是英姿飒爽、意气风发的。我最初的美好感觉是否对呢？

从你妈妈那里得知，你原来在民工子弟学校读书，是你自己意识到那里的环境不理想，所以强烈要求再读一年六年级。孩子，听到这些话，我的心中涌起了一种温暖和感动，你是多么懂事又爱学习的孩子呀！你能意识到读书对一个人以后的发展是一件非常重要的事，我真为你高兴！知道意大利儿童文学家贾尼·罗大里吗？他曾写过一首诗——《睡美人》。我们601班的孩子都知道，每个人都能背诵，我也把它送给你。

童话在哪里？

每个家里有一个。

在书桌的木头里，

在杯子里，

在玫瑰花里。

童话躲在里面，

很久了，不说话。

> 她是一个睡美人，
>
> 需要将她唤醒。
>
> 如果没有一个王子，
>
> 或是一个诗人把她亲吻，
>
> 有个孩子将会白白等待她的童话。

我相信，你就是童话中的那位睡美人，你会用你的意志、你的勤奋、你的执着、你的踏实，轻轻地唤醒你身上的潜能。孩子，我期待着你；我们601班的同学们，期待着你！

最后，我和原来的53位同学以及一位和你一样新转来的同学，我们55双手为你的到来再一次热烈鼓掌，热烈欢呼："欢迎！欢迎！热烈欢迎！"

祝你各方面更上一层楼！

你的朋友：许丹红
2007年8月31日

三、安排其他学生全面照顾插班生

初到新环境，一切都很陌生。因此，每接到一名插班生，我都会安排两三名班干部带他熟悉同学、熟悉环境，与他做朋友，当他有不会做的作业时协助老师辅导他，时时刻刻关注他，让他觉得在新环境中处处受重视、时时被呵护。尽管史寅良和皖军这两个孩子在后来的日子里给我招来了一些麻烦，但因为我的前期工作准备到位，给家长留下了好印象，得到了家长的理解和支持，在情感上也得到了这两个孩子的认可，仅仅一年时间，他们都取得了不错的成绩。

策略29：创意强化

心理学上的"扇贝效应"

山坡上住着一群兔子。一天，兔王突然发现，外出寻找食物的兔子带回来的食物越来越少。经调查发现，原来是一部分兔子在偷懒。于是，兔王规定，兔子们采集回来的食物经过验收后，可以按照采集食物的数量得到胡萝卜作为奖励。一时间兔子们的工作效率大增，食物的库存量大为提高。兔王开心至极。

过了一段时间，兔王想：库存这么多了，可以不奖励了吧！于是，就取消了这个奖励制度。结果，兔子们马上热情尽失，谁也不愿意再去找食物了，食物库存量剧减。兔王只好恢复了奖励制度。

一天，小灰兔甜甜没能完成当天的任务，他的好朋友亚亚主动把自己采集的蘑菇送给他。兔王看见了，非常赞赏他助人为乐的品德，一高兴就给了亚亚双倍的奖励。此例一开，兔子们就和兔王吵闹起来，有的说："凭什么我干得多，得到的奖励却比亚亚少？"有的说："我这一次采集得多，得到的奖励却比上一次少，这也太不公平了吧？"

这样一来，如果没有高额的奖励，谁也不愿意去劳动。兔王无奈之下就宣布，凡是愿意为兔群做贡献的志愿者，可以立即领到一大筐胡萝卜。布告一出，报名应征者非常踊跃。兔王得意地想，重赏之下，果然有勇夫。

谁料，报名的兔子居然没有一个能如期完成任务。兔王气急败坏地责备他们，他们却异口同声地说："这不能怨我们呀，大王。既然胡萝卜已经到手，谁还有心思去干活呢？"

> 小功不赏，则大功不立。然而，胡萝卜也有不起作用的时候，甚至会引起风波。兔王的胡萝卜让兔子们热情澎湃过，也让他们牢骚满腹过。在心理上，胡萝卜就是强化物，是对兔子们做出某一预期行为的奖励。奖励某一行为，这一行为就会频繁出现，这就叫作强化。强化分为多种方式，其中一种方式是固定时间的强化，即每隔一定的时间提供强化物，强化做出的行为。
>
> 美国心理学家斯金纳（Burrhus Frederic Skinner，1904—1990）在白鼠实验中发现，如果每隔20秒就对白鼠强化一次，在强化后，白鼠的反应就会停顿，然后反应速度加快，在下次强化来临之前反应率达到高峰，说明它学会了根据强化的时间做出反应。白鼠的行为效率趋势就如扇贝形曲线一样，因此，称这种现象为扇贝效应。

班主任在实施间隔强化的过程中，要注意强化物的多样性。长时间使用一种强化物会使学生失去新鲜感，也就失去了强化作用。

强化物可以是物质的，也可以是精神的。就像前面兔王奖励助人为乐的小兔亚亚时，完全可以用精神表扬的方法，既能鼓励亚亚，也能避免其他兔子产生"不公平"感，一举两得，何乐而不为？

一、巧用喜报，螺旋上升授奖

英国教育家贝克汉姆说："教师拥有研究机会，如果他们能够抓住这个机会，不仅能有力地、迅速地推进教学技术，而且能使教师获得生命力与尊严。"王晓春老师说："教育的智慧从哪里来？新时代的教师不能迷信并神化师爱，他们更需要教育的智慧。"

面对班级工作中的难题，我开始用智慧的头脑去攻克管理中的一个个难题。我制作了喜报：

```
                    喜    报
_____家长：
       您的孩子最近在_____，特此向您报喜！祝愿孩子
在各方面能进步更快！
                                              班主任：许丹红
                                                 年   月   日
```

前些年我去文印室用粉红或大红的纸张一次打印几百份喜报，就足够用一年了。现在上淘宝或拼多多，花10元钱就能购买许多的表扬信或喜报，而且有不少是非常可爱的动物形状。

我别出心裁地激发、调动孩子和家长的热情：一周各方面表现很好的孩子，可在周末拿到一张喜报，向家长报喜。对默默无闻和弱势的孩子，我努力挖掘他们身上的闪光点：即使他们做的好事微不足道，也立即发一张喜报——"您的孩子乐于助人，特向您报喜"；他们在某一单元取得了好成绩，发一张喜报——"您的孩子学习进步了，特向您报喜"；他们做作业的速度提高了，发一张喜报——"您的孩子学习变得轻松了"……一份喜报，一份希望，一份自信，既激发了孩子们学习的兴趣，又大大调动了家长的积极性，密切了家校的联系和沟通。

任何东西，时间一长就容易失去新鲜感，产生"抗药性"，孩子拿喜报过多，也会逐渐麻木。针对这一现象，我采取了升级制：每四张喜报，可换一张奖状，每换一张奖状，就上升一个级别：第一轮四张喜报，可评"红日小明星"；第二轮四张喜报，可评"红日小王子（小公主）"；第三轮四张喜报可评"红日小天使"；最后一轮四张喜报评的是最高级别的"红日阿波罗"，并作为班级形象大使拍摄照片一张，把照片张贴在教室的门上。每拿到一张喜报，孩子都处于高度亢奋状态；每提升一个级别，将是又一轮的挑战和奋斗。

二、妙用班币，凝聚向心力

凝聚向心力对班集体来说是一件至关重要的事。可以设计班币，精心挑选一些简单的与班名相吻合的图案，再印上10、50、100等字样，用彩色的纸制成具有班级特色的"班币"，以此来悬赏，非常刺激和新鲜。也可去淘宝定制班级独有的班币，印上自己班的班名和班徽。

比如，一周行为规范好、自主管理实践不被记名的孩子，获得班币10元；作业认真整洁的可获班币10元……

班币在班级中合理使用，与评优秀学生、选班干部挂钩，班级财富积累得越多，自主权也就越大，比如，可自由选择座位，可自由选择班干部职位并亲自挑选小队长……如此可全方位地调动班上孩子的积极性。

三、巧设名榜，诙谐幽默中唤醒

记得以前听歌时，常常提到叱咤乐坛××榜。我受此启发，每带一个班，都巧立名目设一些榜单，比如"男子真汉榜""巾帼女英榜"，让男女生分组竞赛，全面调动了男生的积极性，否则在优秀的女生面前，男生会因自卑而失去战斗力。

有的孩子喜欢说闲话，屡禁不止，我就在黑板的一角开设了"lulu国"，即为噜噜国。封最爱说话的女生为lulu国大公主，屡经提醒不见改正的、最爱说话的男生被我封为lulu国大王子，还有二公主、二王子、三王子等，并把他们的大名写在相应的名号后面，在黑板的角落里公示三天。用隐秘的手法创作的榜单，教育了全班的孩子。这些上榜的孩子既觉得无奈，又只能暗地里责怪自己不遵守纪律。这是多么好玩的一件事情啊！孩子们非常喜欢这样寓教于乐的教育方式。

针对孩子们的粗心,我设立了粗心榜。但凡在作业本上发现一处粗心(错字、漏字),审题出错或漏做计为三处,就在句子后面画一个小标记"△",每次作业,分男女两组进行比赛,按照"△"的多少,最少的前六名男女生作为"细心王国"成员。男生依次为细心太上皇、细心国王、细心大阿哥、细心小阿哥、细心哥哥,细心弟弟;女生依次为细心皇太后、细心王后、细心大格格、细心小格格、细心姐姐、细心妹妹。可三天或一周不定期地评比,然后让孩子们戴上从淘宝购买的"王子""公主"的帽子,摆好架势,沿着教室转一圈,做巡游状,其余的孩子充当百姓,观看他们"出游"。此举冠名为"细心王国出城记"。

记录上榜的次数,每月末再评奖。对排在前面的六个孩子拍照奖励,并将照片张贴在班务公开栏,向家长发喜报。

此种做法好玩、有趣、刺激、新奇。

合理利用变化的间隔强化方法,给孩子们不同种类的"胡萝卜",就会产生改造其行为的巨大力量。创意强化,体现了班主任的教育智慧。

策略30:无痕"框架"

心理学上的"框架效应"

维多利亚女王曾把英国的繁荣推向巅峰,但她也跟常人一样,难免与家人有些磕磕碰碰。

有一天,女王和丈夫阿尔巴特为一件小事吵架,阿尔巴特一气之下跑进卧室,紧闭房门。

> 女王理事完毕，很是疲惫，急于进房休息，在外面敲门，怎奈阿尔巴特余怒未消，故意漫不经心地问："谁？"
>
> "英国女王。"
>
> 屋里寂静无声，房门紧闭如故。维多利亚女王耐着性子又敲了敲门。
>
> "谁？"
>
> "维多利亚！"女王威严地说。
>
> 房门依旧未开。
>
> 维多利亚徘徊半晌，再次敲门。
>
> "谁？"阿尔巴特又问。
>
> "我是您的妻子，阿尔巴特。"女王温柔地答道。
>
> 门立刻开了。
>
> 心理学上把这种由于表达和描述方式的改变而导致不同结果的现象叫作框架效应。

比如，当朋友跟你描述自己的下一步计划时，你送上一句"祝你成功"就绝对比"祝你不要失败"好。生活中也不乏运用框架效应成功影响他人的"高手"。请看下面的一则笑话。

> 有两个非常喜欢抽烟的年轻人，他们都是基督徒，每个星期都要去教堂做礼拜。但是，每次听牧师讲道的时候，他们总忍不住要抽烟。于是，他们就一起去征求牧师的同意。第一个年轻人问道："牧师，请问我可以在做礼拜的时候抽烟吗？"牧师回答："做礼拜一定要心诚，怎么可以抽烟呢？"年轻人悻悻地走了。第二个年轻人没有放弃，走上前问道："牧师，请问我可以在抽烟的时候做礼拜吗？"牧师毫不犹豫地说："当然！只要你有诚意，随时都可以做礼拜。"

框架效应告诉我们，同样的事情，不同的表达方式，起到的作用可能截然不同。

一、善用幽默的方式化解班务琐事

苏联教育家米哈尔·斯维特洛夫曾说过：教育家最主要的，排在第一位的助手就是幽默。幽默是一剂良方，不仅能够轻松地解决问题，而且能让孩子钦佩教师的智慧和才华。研究发现，幽默除了能够"博人一乐"之外，还能培养更加开阔的思维。

在平时的工作中，我也努力用幽默的方式来处理班级事务，被孩子誉为幽默排行榜上名列第二的老师。（名列第一的是学校的大队辅导员，这位老师才华横溢，每周的国旗下讲话甚为幽默。）

有一次，班上有孩子来告诉我，下午第四节课吹笛子的时候，淳楷和冰瑜争吵打闹。我先把他们请进办公室，了解事情的缘由：吹笛子时，俞老师进教室了，淳楷拿了冰瑜的同桌宏韬的笛子，冰瑜去要回来，于是发生了争执……我在办公室里批评教育他俩后，正好该我上课了。我站在讲台上慷慨陈词："亲爱的同学们，昨天下午第四节课吹笛子的时候，在'小水滴班'的上空上演了一场精彩的《水滴武侠传》。"孩子们一开始有点莫名其妙，当我说到"水滴武侠传"时，他们听出了名堂，开始发笑。我只当没看见，依然绘声绘色地描述："有一位侠士，人称'楷侠'，武艺高强，身手不凡。某天，在华山巧遇韬哥，双眼一亮，夺过他的笛子，自管潇洒吹奏。这时候，一位黄衣飘飘的（那天冰瑜正好穿着一件黄衣服）瑜儿姑娘路见不平，拔刀相助，一阵刀光剑影，堪比华山论剑……"

孩子们听了我的描述，都明白了是怎么一回事，看着淳楷和冰瑜，笑得前俯后仰，整个教室里充满了欢声笑语。他俩则一副尴尬想笑的样子。

自此之后，这两人前后同桌再也没闹过如此不和的事，班级也少有争吵。

幽默比暴风骤雨式的批评更有效果，孩子们也更愿意接受。

二、用童话方式唤醒，换一个角度教育

苏霍姆林斯基说，让孩子们越少了解到教育者的意图，教育的效果就越好。教育无痕。一些该强调的要让孩子们记住的事情，孩子们根本不放在心上，许多时候，苦口婆心、循循善诱显得那么苍白无力。

我带"诗翔班"，发现学生课桌的抽屉脏乱差，屡经提醒仍不见效。某次我以书桌的名义给自己写了一封信，取得了非常好的教育效果。

【我的案例】

书桌在哭泣

班上孩子的抽屉里脏乱不堪。前段时间，我已提出须整理干净，但毫无动静。怎样触其心灵，又教育无痕呢？我的目光移到书桌上学生写给我的书信上。信……一条妙计在我的脑海浮现：孩子们不是最喜欢童话吗？哦，我何不以书桌的名义写一封信，然后，读给孩子们听呢……对，就这样。

我连忙动笔——

亲爱的许老师：

你好！

冒昧打扰。我实在是太痛苦了，才不得不提笔给你写信。许老师，不，大姐姐，我最喜欢听你的声音了。每当你给我的小主人讲故事、说笑话，评他们为"阳光小王子""聪明小公主"时，你的声音是那么迷人。大姐姐，你知道吗？你知道这群在你眼里可爱机灵的学生的另一面吗？今天，我要好好地向你倾吐一下肚子

里的苦水。

　　哦，忘记告诉你了，我是你班上的某一张书桌，我每天都处在水深火热之中。每天早晨，我的小主人都会吃粽子、饼干、香肠等东西。可每次吃完后，装东西的袋子，他从来不扔到垃圾箱，而是往我肚子里一塞，油腻腻、黏糊糊的，半天过后，发出阵阵异味，我好想呕吐！可是我的小主人却从没在意过我的感受，垃圾一放就是十多天。有一次，一个白色的塑料杯还长出了绿绿的毛。一想起这个，我就浑身起鸡皮疙瘩。手工课上、美术课上，他把剪剩的垃圾一股脑儿地往我肚子里塞。

　　都说不讲卫生的小孩讨人嫌，可我的小主人从来都没给我洗过脸。数学课上，他竟用铅笔在我白嫩嫩的脸上打草稿。我又疼又难受，不停地呼喊、哀求："小主人，求求你，饶了我吧！别这样了，好吗？"可他根本不理我。他把各种暂时不需要带回家的书啦、本子啦、字典啦，乱糟糟地全塞到我肚子里，每天鼓鼓囊囊的，我很不好受。当他要找本子或书时，就在我肚中乱翻乱找，弄得我的五脏六腑都快碎了。

　　大姐姐，你知道吗？我在小主人的虐待下，每天过着生不如死的日子。垃圾散发的馊味、杂乱东西发出的霉味，弄得我每天都吃不下饭、睡不好觉。我整夜整夜地抹眼泪。大姐姐，我实在忍受不了了。我知道我的小主人最听你的话，所以冒昧地写信给你。我真的不能再过这样痛苦的日子了。求求你了，大姐姐，帮我教育一下你的学生，答应我，好吗？

　　祝：工作顺利！永远年轻美丽！

一个痛苦不堪的可怜孩子：书桌
2005年11月5日夜

满满一张纸，我改了又改，读了又读，乐滋滋地把它装进信封，放进包里。

第二天早上，我走进教室，把手中的信扬了扬："同学们，刚才许老师来上班，收到了一封信。大家想听许老师读吗？""想！"孩子们异口同声地喊着。在我的邀请下，小涛上来帮忙拆信封。孩子们一个个地睁大了眼睛，挺直了身子，热切地望着我。

我拿出信纸，展开，捧着读了起来。

下面嘘声四起。"谁呀？到底是谁呀？"他们你看看我，我瞅瞅你。我没理会他们，依然声情并茂地读着，同时悄悄地注意孩子们的脸色，他们有的惊奇，有的狐疑，有的露出微笑，有的悄悄低下头察看抽屉……

"许老师，真的是书桌写来的吗？"小辉皱着眉头问道。

"那还会有假的吗？"

"假的，书桌怎么会说话呢？"其他孩子附和道。

"同学们，听了这封信后，你们有什么想法和感受吗？"我笑眯眯地问。

"书桌与人一样，也要讲卫生，我以后要爱护它。"

"我们要呵护书桌，不让它受到一丁点儿的伤害。"

"书桌天天与我们做伴，而我却从来都不考虑它的感受，常常在上面打草稿，真惭愧！"

"我以后一定要改正缺点，让书桌快乐起来。"

……

"我知道同学们有许多话要对自己的书桌说，那就请你给书桌说说你的心里话或写一封信吧。"

"好！"孩子们齐声应允。

中午，我去教室批作业。又有孩子特意走到我身边："许老师，真的是书桌给你写的信吗？"

"当然真的！还会有假的吗？"我头一歪，反问道。

"我知道不是的。是许老师你写的！你是想教育我们。"小宏说得头头是道。

"书桌不会写字的。而且我还看见那些字的一竖都很长，这是许老师的笔迹。"小梅笑着说。

"嘿嘿……那可是真的噢！"真不知一上午孩子们是如何津津乐道地谈论这封信。

随后，一封封真挚的信以及一个个干净整洁的抽屉做了最为有力的回答。

班主任可用童话的方式教育学生，运用孩子们喜欢的经典动漫形象，比如功夫熊猫、花仙子、喜羊羊等，打造孩子们的精神偶像，在富有情趣的活动中让孩子们的精神得到洗礼、受到教育。教育真的是一件美妙的事。

第五章

卓越班级的活动艺术

卓越班级的班会活动,
如放纸鸢般舒畅,
串起每一个节日,
传来远方友谊,
借力学长,
鼓励中等生成为美好事物的中心。
卓越班级的活动,
让每一个孩子心灵更舒展,
日子更美妙!

策略31：借力榜样

心理学上的"模仿学习"

下课后，有位老师走出教室，发现自己的水杯落在讲桌上了，便转身回去取。刚走到教室，就看见一个女生正在模仿黑板上的字迹，一笔一画地练习粉笔字，旁边还有几个学生在津津有味地看着。老师感到很自豪，也很欣慰。

榜样是通过什么方式来影响我们的呢？是口头劝说，还是身先士卒？美国心理学家班杜拉（Albert Bandura, 1925—2021）对这个问题非常好奇，他做了一项研究比较榜样的言传和身教的效果。

班杜拉先让小学三至五年级的儿童做一种滚木球的游戏，并给他们发放一些现金兑换券作为奖励。然后组织这些儿童进行募捐。这些儿童被分成四组，每组都有一个班杜拉安排的"托儿"来扮演榜样。

第一组的榜样是个彻头彻尾的吝啬鬼，他向儿童宣扬要把好的东西留给自己，不必去救济他人，在接下来的募捐活动中，他也带头不把自己的兑换券捐献出来。

第二组的榜样是个有着菩萨心肠的好人，他向儿童宣扬助人为乐的精神，并慷慨地将自己的兑换券捐献出来。

第三组的榜样是个"刀子嘴、豆腐心"的人，他嘴上说"人不为己，天诛地灭"，但实际上又带头把自己的兑换券捐献出来。

第四组的榜样是个道貌岸然的伪君子，他口头上宣扬助人为乐、快乐为本，等到真正募捐的时候却一毛不拔。

结果发现，在榜样捐献了兑换券的第二组、第三组，捐献兑换券的儿

> 童明显多于榜样没有捐献的第一组和第四组。
>
> 　　班杜拉的实验告诉我们，身教大于言传，榜样说了什么并不重要，关键要看他是怎么做的。这也提示我们，在教育学生的时候，教师的行动才是真正的决定因素。

什么样的榜样会引起我们的注意与仿效呢？班杜拉指出，这取决于榜样与观察者两个方面的特征。一般来说，热门的、强有力的、出名的、流行的人容易成为榜样。

我常常借助榜样的力量，利用心理学上的"模仿学习"来组织开展班级活动，取得了比较好的效果。

一、向偶像明星学习，列举他们向上的一面

现在的孩子大多追星，周杰伦、肖战、王一博、吴京、周深等是孩子们崇拜的对象。对于孩子们追星这个现状，我没有过多地批评和限制，而是采取了及时疏导的方式，组织了一次又一次主题班会活动。比如，我看到班上的孩子对周杰伦着迷，嘴里哼的都是他的歌，甚至有男生开始模仿留他的发型，于是我收集资料，上网查阅，做了许多前期准备，设计了一节主题班会课。

【我的案例】

周杰伦——我向你学什么

我先让孩子们演唱周杰伦的《听妈妈的话》，告诉学生：

周杰伦是在单亲家庭中长大的，父亲在他年幼的时候就和母亲离了婚。因此，外婆和妈妈就成了他生命中最敬爱的两个女人。

他母亲是个美术老师，从他出生开始，母亲就把所有的希望都寄托在了儿子身上。

周杰伦从小到大一直都很孝顺。小时候，每次和家人一起吃饭，他都舍不得先吃，会先夹菜给外婆说："外婆，这很好吃，外婆先吃。"然后再夹菜到自己的碗里。长大了，他也是这样，每次去外婆那里，外婆都问他："肚子饿了没有？饿了的话，要跟外婆说。"他会说："不用，外婆不要煮饭，我叫便当来给外婆吃。"

我让学生从故事中体会周杰伦的孝顺。

紧接着，我们又一起唱了周杰伦的《蜗牛》，我告诉孩子们，这首歌其实就是周杰伦人生的真实写照：

刚进音乐公司时，周杰伦的职务是音乐制作助理。这个工作什么杂事都得做，其中帮同事买盒饭就是他每天的"保留节目"。他知道自己是新来的，要想在音乐公司混口饭吃，就要多帮同事跑腿。有一次，公司为一位香港大牌歌星制作唱片，由于录音棚里人多，又比较分散，周杰伦一时没办法数清楚一共有多少人要吃盒饭。为了不落下一个人，那天他从中午12点一直买到下午3点，来来回回跑了四五趟，自己连口水都没喝上，而录音棚里居然没有一个人帮他。吴宗宪把这些看在了眼里，心想：这个年轻人做事踏实，不怕吃苦，但他这样忙，哪有时间写歌呢……于是，他给周杰伦提供了一个地方睡觉，允许他把沙发后面的地方变成一处小型的流行乐加工厂，并起名为"阿尔发音乐工作室"，让他专心创作歌曲。周杰伦未成名前，就只有这样的一小片空间——在东台北的一栋灰色大楼里，阿尔发唱片公司的录音棚内，从皮沙发到蓝绿色墙壁间的金黄色地板上，只有一个可以让他蜷身而睡的狭小缝隙，这就是周杰伦当年仅有的小天地。

他在自己的小天地里反复梦到旋律和歌词，当曲子的片段泉涌而来，他会起身走向键盘，把旋律写成乐谱或录成示范带。从此，这个狭小的地方成了周杰伦放飞梦想的平台。尽管他的薪水只有5000元台币，但他对音乐充满了热情。哪怕在录音棚外，他也能感受到音乐的快乐。因此，他工作起来如鱼得水。由于周杰伦从小就打下了扎实的音乐功底，他很快就创作出大量歌曲。

有两年之久，周杰伦依约作曲，极少离开这七楼的隔音间，靠拉面、炸鸡和做梦过活，他梦到自己做喜欢的音乐，而不是成为流行歌手。他了解到音乐的重要性，领悟到特色才能让歌手长青。吴宗宪承认他的弟子比他有才华："我制作过许多专辑，但我很快就了解到，我没有什么好教周杰伦的了。"吴宗宪虽然和周杰伦签下歌手合约，但师父还是对弟子有所怀疑。吴宗宪坦言："我不认为他可以走到幕前，因为他长得并不帅。"

后来，吴宗宪把这家公司交给他的朋友，也就是现在的阿尔发唱片公司总经理杨峻荣，让他帮助管理，周杰伦才真正从幕后走向幕前，成为偶像歌手。杨峻荣在接受记者采访时回忆："我第一眼看到杰伦是2000年7月1日。当时他睡在唱片公司，瘦瘦的，我每天看他在办公室里晃来晃去，戴着鸭舌帽，不怎么说话。说话也很简单——'好''不好''是''不是'。我当时刚刚接手公司，对很多情况都不了解。有一次我问他：'宗宪跟你说过出唱片的事情了吗？'他说：'宪哥说我写够10首歌就发片。'我问他写了几首了，他说写了一首。于是，他从杂乱无章的东西里找出已经录制好的样带，放给我听。这首歌就是他的第一首单曲《可爱女人》。这是他利用闲余时间写出的歌，全天候在录音室里混，也是有好处的。4分钟之后，歌听完了，我问：'你还等什么？'反正这小子就住在录音棚里，马上做，10月份发片。之后，我打电话给吴宗宪：'有这样的歌手，你还等什么？'"三个月内，公司完成了周杰伦的第一张专辑。

……

学生们从不知道，原来他们崇拜的大明星居然吃过如此多的苦，意志如此坚强。从那一刻开始，孩子们对周杰伦不只是崇拜，更多了几许敬佩。

我还开过一节班会课来讨论歌星周深，把他热心公益、淡泊名利、勤奋做事的事迹讲给孩子们听。周深成名前，曾被大众群嘲，险些失声，靠打工完成学业，在《好声音》舞台上惨被淘汰。从被大众群嘲到演唱影视歌曲、成为跨年晚会的红人，周深的成名路，可没有想象的那么简单。

我每年都会鼓励学生看感动中国十大人物的颁奖典礼，并专门制作专题，把年度感动中国十大人物的优秀事迹介绍给学生，他们看得心潮澎湃，热泪盈眶。

这样的班会活动，无疑让孩子们的精神得到了滋养，灵魂得到了净化。

二、邀请已读大学或重点高中的学哥学姐来班演说

每一位班主任都有可以利用的资源，要做善于运用资源的班主任。做班主任久了，往届毕业的优秀学生就是一笔宝贵的资源，若能请他们来班级演讲，与学弟学妹见面，对学生们会有非常好的教育效果。我经常利用我与毕业学生保持良好沟通的优势，把一些读省级重点高中（桐乡高级中学）的学生和读一类本科大学的学生请到教室，与他们的学弟学妹见面沟通。

前两年，带"红苹果班"，我邀请了孩子们的学姐——我刚到中山路小

学教的第一届学生、在浙江工业大学读大一的陈平来到班级。孩子们可高兴了,制作了大幅宣传海报——"欢迎陈平姐姐来到'红苹果班'"——张贴在教室门口。陈平讲述学习方法,教导学弟学妹要刻苦学习,做有爱心、有追求的人。孩子们听得可专注了,回到家中,纷纷向家长讲述陈平姐姐所说的话。

优秀学长所说的话,孩子们觉得亲切又亲近。优秀学长说的一句话,抵得上父母的一百句。

在设立榜样时,班主任要站在孩子们的角度,考虑榜样的可接受性,使榜样得到他们的认可,以发挥其模范带头作用。

策略32:鸿雁传情

心理学上的"沟通分析理论"

有一位老师是这样与学生沟通的:

学生:"老师,请问我这次考试考了多少分?"

老师:"60分。"

而另一位老师是这样与学生沟通的:

学生:"老师,请问我这次考试考了多少分?"

老师:"不好好用功,还有脸来问我!"

哪种沟通更好呢?

答案是显而易见的,前者要优于后者。但这是为什么呢?怎么与人沟通才是有效的呢?美国心理学家埃里克·伯恩(Eric Berne,1910—

> 1970）的沟通分析理论给我们提供了重要的指导方法。
>
> 　　根据沟通理论，每个人都存在P（parent，父母）、A（Adult，成人）和C（Child，儿童）三种不同的自我状态。处在父母自我状态时，个体像父母那样感受、思想和行为，一切行动都以社会的法规和道德为准则；处在成人自我状态时，个体则针对眼前的现实进行自主的感受、思想和行为，能够冷静、客观地判断现实，同时采取与现实相符的行动；处在儿童自我状态时，个体像幼儿那样感受、思想和行为，诸如哭、笑、生气或进行幻想、创造发明等。

　　根据心理学上的沟通分析理论，在设计班队活动时，我主要抓住每一个孩子与人沟通的三种不同的自我状态，创设适合儿童自我状态的情境，让孩子们放松精神、释放压力。我给孩子们联系了远方的友谊班，借助鸿雁传书、捐衣捐书等手段来培养孩子们善良的品德。

一、结对友谊班，鸿雁传书畅谈友谊

　　在我带的班级进入四年级之后，我都会想尽办法，通过认识的朋友给班上的孩子们联系一个同年级的远方友谊班。我首先与对方的班主任沟通，大致了解对方班级孩子的经济条件、兴趣、爱好等基本情况，进行大致的摸底，并向对方要来一些照片和图片。我会郑重其事地利用一节班会课的时间搞一个友好班结对开幕式，用PPT等把友谊班的情况向全班孩子做一个基本介绍：对方获得的荣誉、班级中好的地方（我尤其喜欢的友谊班是条件艰苦乃至贫困地区的班级）以及友谊班孩子的上学和就餐等情况。然后，我打开友谊班的名单（事先向对方班主任要来），全班孩子一起轻声念友谊班学生的学号和姓名，以激发孩子们对远方友谊班同学的情感。

我让每一个孩子给自己对应学号的孩子写信。写信时，要介绍自己的学校、班级、个人情况，并表达出对对方的关心和对他在艰苦条件下努力学习的钦佩。

我带"诗翔班"时，与我们结对的是浙江省诸暨市的一个班级，孩子们写出了一封封情真意切、十分感人的信。虽说在现在的社会，交流非常方便，利用QQ、电子邮件、电话、微信等即时就能进行交流，但传统的鸿雁传书既让人有期待的甜蜜，又训练了书信的写法，自有它独到的作用。我把大家的信用一个大大的快递信封装好并寄走。收到了友谊班同学的回信，孩子们尤其激动和开心。后来，有一些家长也参与进来，还与友谊班的信友相约驾车游玩。直到现在，"诗翔班"的孩子来看我时，还对此事津津乐道。

二、捐书和捐衣，千里之外送温暖

有爱心的班级是富有生命力的班级，是卓越的班级。爱心并不是挂在嘴边的，要用实实在在的行动来体现。我每带一届学生，除了学校里常规的捐款之外，还会通过认识的朋友介绍一个贫困山区的班级来进行结对或互动，让孩子们捐出一些课外书和不再穿的衣服，献出自己的爱心。

【我的案例】

远方，有一群人

我喜欢看湖南卫视的节目《变形记》，有的时候看得眼泪汪汪的。对于我们班这些生在富裕地区却不知惜福的孩子，我真的很想带他们去贫困山区看一看、走一走，体验一下贫困学子的窘况。

通过朋友，我认识了贵州省绥阳县一所中心小学六年级的班主任秦老师。绥阳县位于贵州省北部，大娄山脉中段，隶属遵义市管辖，属于我国经济不发达地区，而结对的那所学校又属于绥阳县的偏僻地区。当时，我通过秦老师的公众号看到那里破旧的桌椅、坑洼的泥地、残破的墙壁，仿佛看到了20世纪80年代我自己上学时的情景。那里的孩子上学需要步行一两个小时，到了秋冬季节，山路泥泞，孩子们必须在5点起床，顶着霜花雪花，走两三个小时方能到达学校。

我把从网上找来的一张张图片放给我们班这些衣来伸手、饭来张口、上下学有家长用私家车接送的孩子们看，他们受到了很大的震撼。

在我的呼吁之下，孩子们纷纷捐出了自己心爱的课外书，更拿出了一些不再穿的衣服。本来我们这一次活动是与另一次主题班会活动"节能环保"相结合的（让孩子们通过捡拾一些废纸、可乐瓶、矿泉水瓶来筹集班费），但范宇玮爸爸和周原青爸爸坚持要自己掏钱，他们说："让我们也为贫困山区的孩子们做点什么吧。"我们通过物流公司把书和衣服送到了绥阳孩子们的手中。班主任秦老师曾多次打电话来表示感谢，告诉我课外书留下了，因为那边的学生已上六年级了，有些衣服穿不上了，但他会转送给学校低年级的孩子。

不只是捐书和衣服，我还让班上的孩子们每人向贵州的哥哥或姐姐写一封信，表达对他们热爱学习、勇于克服困难的精神的敬佩。

结对远方友谊班，给贫困山区捐衣、捐书，鸿雁传情，一则让孩子们开阔了眼界，知道还有许多贫苦的孩子为了能读上书每天辛苦地奔波着；二则触动了孩子们的心灵，通过书信交往，让班上的孩子用一种合适的方式与远方的同龄人沟通，满足他们交友的需要。

带"鸿鹄班"时，我通过"爱心义卖"募得爱心基金2899元，给贵州省绥阳县某小学的贫困孩子买了书包、水杯、T恤等物资。孩子们觉得非常有意义。

策略33：隆重节庆

心理学上的"海潮效应"

公元前314年，燕国发生了内乱，临近的齐国乘机出兵，侵占了燕国的部分领土。燕昭王当国君以后，消除了内乱，决心招纳天下有才能的人，振兴燕国，夺回失去的土地，但并没有多少人投奔他。于是，燕昭王就去向一个叫郭隗的人请教，怎样才能得到贤良的人。郭隗给燕昭王讲了一个故事：从前有一位国君，愿意用千金买一匹千里马。可是3年过去了，千里马也没有买到。这位国君手下有个不出名的人自告奋勇去买千里马，国君同意了。这个人用了3个月的时间，打听到某处人家有一匹良马。可是，等他赶到这家时，马已经死了。于是，他就用500金买了马的骨头，回去献给国君。国君看了用很贵的价钱买的马骨头，很不高兴。那人却说，我这样做是为了让天下人都知道，大王您是真心实意想出高价买马。果然，不到一年时间，就有人送来了3匹千里马。

郭隗讲完上面的故事，对燕昭王说："大王要是真心想得到人才，也要像买千里马的国君那样，让天下人知道您是真心求贤。您可以先从我开始，人们看到像我这样的人都能得到重用，比我更有才能的人就会来投奔您。"燕昭王认为有理，就拜郭隗为师，给他优厚的俸禄，并让他修筑了"黄金台"，作为招纳天下贤才的地方。消息传出后不久，乐毅、邹衍和剧辛等一大批贤士纷纷从各自的国家来到燕国。经过20多年的努力，燕国终于强盛起来，打败了齐国，夺回了被占领的土地。

用重金买马骨的方法来求得千里马，用修筑"黄金台的"方法来吸引

> 天下的人才，所运用的都是海潮效应——海水因天体的引力而涌起，引力大则出现大潮，引力小则出现小潮，引力过小则无潮。

班主任组织的活动，对学生有很强的吸引力，则班级会如磁铁一般吸引孩子们。搞些什么活动呢？这需要班主任的独具匠心。利用节日设定一系列活动，创建浓厚的节日文化氛围，则班级活动会如海水一样因天体的引力而涌起大潮，让孩子们激动和兴奋。

一、经营好传统节日，让这些日子独有韵味

每年"三八"节，我都会精心酝酿，争取让这一天成为妈妈们的节日：或邀请有进步孩子的妈妈来班级进行亲子互动，或呼吁孩子们给家长制作贺卡、送卡片、洗脚，或组织家庭演唱会，让孩子和爸爸一起送礼物给妈妈……这样别出心裁的构思，让家庭弥漫着亲情，也更利于孩子的身心发展。三月三，又到放风筝的时候了，每到这时，我都会组织孩子们在操场或市政广场放风筝，明媚的春光中，风筝在风中飘动，孩子们在草地上欢快地奔跑；清明节，去给烈士扫墓，献花圈，吟诵革命烈士诗抄，唱革命歌曲；教师节，让孩子们通过制作卡片、送小礼物等手段来拉近与科任老师的心理距离；国庆节，吟诵爱国经典诗词……一个又一个的节日，充实着孩子们的童年。

【我的案例】

让鲜花和卡片搭建与科任老师心灵沟通的桥梁

技法高超的班主任，一定是善于拉近科任老师与班上孩子们心灵距离的班主任。教师节到了，怎样让孩子们懂得感恩呢？怎样表达我们"红日

班"的学生对全体科任老师的感谢呢？

我让孩子们以小组为单位讨论，哪一组的构思最妙，就用哪一组的。孩子们的金点子很多，有说送亲手制作的卡片的，有说布置教室给老师惊喜的，有说给老师表演节目的……最后，大家一致觉得陈媛媛小组提的方案最好：给老师们每人买一枝鲜花、一张卡片（写上对老师的感谢之情），再加一份小礼物，花费每人不超过两元。

于是每个小组分派到给一位老师写卡片。瞧，孩子们写得多棒啊！

孩子们给老师们的祝福如下。

1. 写给音乐老师

敬爱的陆老师：您好！

您的歌声优美动听，您的语言婉转亲切。技艺精湛、方法新异是您的教学特色。您是红烛，默默燃烧，照亮他人；您是梯子，默默无闻，帮助学生攀登学习的高峰。您对我们的教育恩情无法用语言来形容。

花儿赞美哺育了它的大地，而大地又感谢花儿为大地增添了一分色彩。

金风送爽，载着我们真诚的祝福：老师，您辛苦了！祝您事业更上一层楼！

601班尊敬您的学生们

2. 写给体育老师

敬爱的老汤师傅：

您是我们心中的楷模，您的声音如同动听的旋律，时时回响在我们的耳旁；您身手敏捷，技艺高强。洪亮的哨子声一响，便知您来也！

祝您：节日快乐！工作一二一！

中山路小学601班

3. 写给英语老师

亲爱的陈老师：您好！

  在这如歌的一年中，是您无私地教给我们知识，让我们整个班级有了今天的成绩。此时此刻，我们最想对您说这三个词：I love you!

  节日快乐！

  天天 happy！

中山路小学 601 班

……

  八张卡片，写满了孩子们情真意切的话，溢满对老师们的感激。我捧着这些卡片，一读再读。好样的，孩子们，我为你们喝彩！

  谁去买礼物呢？大家决定由正、副班长姜伊凡、袁佳负责采购礼品（小礼物、卡片、鲜花），再在教师节这天赶到我们学校开表彰会的梧桐大酒店，把礼物送给老师们，给他们惊喜。

  晚上，在网上偶遇姜伊凡，她告诉我，一切已准备完毕，她和袁佳忙了近一天，累得上气不接下气。

  教师节这天，上午9点20分时，我来到梧桐大酒店，远远看见两个小姑娘手捧鲜花和礼物正等候在酒店的门口。"啊，许老师，节日快乐！"看见我来了，她们冲了过来，递上小礼物。送我的是一只发夹——一只蓝色的蝴蝶发夹。"嗯，很漂亮，许老师很喜欢哦！"我接过那朵粉红的玫瑰花，嗅着，心情愉悦。看孩子们选的礼物，有围巾、化妆镜、手链、哨子、鼠标垫等，我连声夸她们会选，她俩特别高兴。

  这两个小姑娘站在二楼的楼梯口，每看见一位老师，都会送上一句祝福——"老师，节日快乐！"看见任教"红日班"的老师，她们还会送上鲜花和礼物。

拿着鲜花和礼物的科任老师都心花怒放,纷纷过来对我说:"谢谢你!"体育老师汤老师告诉我说,他太感到意外和惊喜了;音乐老师陆老师连声夸奖,601班真的很乖哦!

这些科任老师给我们"红日班"上课更起劲了。面对一群懂得感恩的孩子,谁会不喜欢呢?

二、策划好独有的日子,让这些时刻难以忘怀

立夏前后,我都会带领孩子们去野外烧烤、烧野饭,培养孩子们的动手能力;秋高气爽的下午,带着孩子们去远足,在秋日的阳光下召开《爱的教育》书香会,孩子们或躺或坐,沉浸在书香中,聆听老师的讲解,品味人性的美好;阅读节,"红日班"独有的节日,在桐乡市十佳读书之星候选人姜伊凡同学的倡导下,在我的精心策划下,在狄金森的诗《没有一艘船能像一本书》的吟诵声中拉开了帷幕——

【我的案例】

阅读节开幕了

期待中的日子,9月28日——"红日班"阅读节徐徐拉开了帷幕。

迎着灿烂的阳光,"红日班"的全体孩子精神抖擞,意志昂扬。

学生们起立。演唱优美动听的校歌。

桐乡市十佳读书之星候选人姜伊凡站在讲台前,大声宣布:"中山路小学'红日班'阅读节现在开始。"

我班的三位读书之星即兴发表演说。姜伊凡说:"书是人类进步的阶梯,没有一艘船能像一本书,能把人带往远方。书,是最好的精神食粮,在书的海洋中遨游,是多么快乐与幸福!让我们一起爱书吧!"

陆志宏说："书，是成长的摇篮；书，是飞翔的翅膀；书，是心灵的栖息地；书，是快乐之源；书，是幸福之泉。书的名字，就是永恒！让我们嗅着书香，努力吧！"

卢秋阳说："书，是快乐的源泉；书……"只见他皱着眉头痛苦地想着，也真难为他了。所有的词语已被前面的两个孩子说完了，轮到他，已经词穷。

紧接着，孩子们面对国旗，高举右拳，"让美好的一天在书香中开始吧！"55个声音响亮地说。

孩子们一起朗诵狄金森的诗《没有一艘船能像一本书》。

没有一艘船能像一本书

没有一艘船能像一本书

也没有一匹骏马

能像一页跳跃着的诗行那样

把人带往远方

这渠道最穷的人也能走

不必为通行税伤神

这是何等节俭的车

承载着人的灵魂

接着，孩子们又朗读了根据金子美铃的《这条路》改编的诗，我们把路全部改成了看课外书这条路。

这 条 路

（看课外书）这条路的尽头，

会有大片的森林吧。

孤单的朴树啊，

我们去走这条路吧。

亲爱的601班的孩子们啊，我们去走这条路吧。（师）

（看课外书）这条路的尽头，

会有广阔的大海吧。

荷塘里的青蛙啊，

我们去走这条路吧。

亲爱的601班的孩子们啊，我们去走这条路吧。（师）

（看课外书）这条路的尽头，

会有繁华的都市吧。

寂寞的稻草人啊，

我们去走这条路吧。

亲爱的601班的孩子们啊，我们去走这条路吧。（师）

这条路的尽头，

一定会有什么吧。

大伙儿一块儿去吧。

我们去走这条路吧。

亲爱的601班的孩子们啊，（师）

大伙儿一块儿去吧。

我们去走这条路吧。

对喜爱阅读的人来说，每一天都是节日，每一天都溢满快乐。

我们班还有旺达节、男生节、女生节等，这些独有的节日，融入了孩子们的生命意象，对孩子们来说，犹如海潮一般，极具吸引力。

策略34：砥砺中等

心理学上的"成功智力"

2005年7月，我国香港大学在面试内地入学申请者时，淘汰了11名各省市的高考"状元"。校方对申请人的成绩与面试表现同等重视，以免录取"高分低能"学生，主要考虑学生的英语能力、个人潜质、是否适应香港生活，不会录取对课外活动缺乏兴趣的"书呆子"。

正当我国内地高校竞相争夺各省市的高考状元时，香港大学的举动算得上一个异数，这对片面追求分数的教育可谓当头棒喝。

杭州市的一位教师发现了这样一个现象，小学期间前几名的尖子生在升入初中、高中、大学后（乃至工作以后）有相当一部分会淡出优秀者行列，甚至在以后的升学和就业方面屡屡受挫。而前三名之外，第十名前后的学生，却在后来的学业和工作中表现出色。这种现象就是第十名现象。

这一现象说明学习成绩的高低并不完全决定一个人能否成功，美国心理学家斯滕伯格（Robert J. Sternberg）用"成功智力"来解释这一现象。他把学业上表现出来的智力称为"惰性智力"，而成功智力是一种用以达到人生中主要目标的智力，它能使个体以目标为导向并采取相应的行动，是在现实生活中真正能产生举足轻重影响的智力。斯滕伯格认为，在现实生活中真正起作用的不是凝固不变的惰性智力，而是可以不断修正和发展的成功智力。

成功智力包括三个成分：创造性能力，帮助人们从一开始就形成好的想法；分析性能力，用来发现解决问题的好方法；实践性能力，将想法及其分析结果以一种行之有效的方法来整合实施。

> 学业成绩测试主要考查学生两个方面的能力：逻辑思维能力和语言能力。而事实上人的潜能是多方面的，如人际沟通能力、领导管理能力、艺术创作能力、动手能力等在测试中却难以体现出来，这些能力对一个人的成功非常重要。一些学生尽管成绩优秀，但在其学业智力发展时，成功智力的发展相对滞后了，反倒是那些第十名左右的学生的学业智力和成功智力一直协调、平衡地发展，因而其成功的概率也高。

被评为"美国最佳教师"的雷夫·艾斯奎斯（Rafe Esquith）在谈到其班级管理之道时，就讲到挖掘中等生的潜力，使得他的"56号教室"成为一个奇迹。每一位班主任都会遇见弱势生、中等生和优等生。想办法全方位地培养中等生，让这些中等生也能有机会担任主持人、活动的策划者和组织者，挖掘他们的潜能，可促使更多学生走向成功。

一、打磨主持队伍，带动中等生

在班级中，我专门成立了一个主持团队，建立了小主持人资源库。我专门安排了招聘和面试，把一些朗读比较好、有一定表达能力的孩子招募进来，正儿八经地颁发聘任书。我告诉小主持人们，要经常练习朗诵和绕口令等基本功。班队活动，我一般让学生主持，在主持人的安排上，我让优秀主持人带一位稍稍逊色的主持人，多训练、多带动、多鼓励，于是一大批优秀的主持人脱颖而出。

每个学期的班队活动我都精心安排，在与全班孩子商议后，制订一个学期的班队活动计划表，安排好主持人，每一期还专门安排摄影爱好者现场拍摄，再发到班级博客中。

【我的案例】

"小水滴班"2012年第二学期班队活动计划表

周次	日期	活动内容	主持人	摄影者
1	3月1日	制订班队计划	班主任	
2	3月7日	微笑送给妈妈	杨晨　胡高佳乐	王乐航
3	3月15日	钟陈宇爸爸进课堂（食品安全）	王喆侃	胡高佳乐
4	3月22日	放风筝活动	陆冰媛	屠诗颖
5	3月29日	学习雷锋好榜样	蒋蓓逸　王乐航	李亦伦
6	4月5日	安全教育	班主任	黄驰昊
7	4月12日	义卖跳蚤市场	冉茂端　朱晗捷	徐禛
8	4月19日	水果拼盘	祝好　黄驰昊	朱晗捷
9	4月26日	合理使用零花钱	陈博楷　陆晨霄	钱凌霄
10	5月3日	防溺水教育	吴迪　屠诗颖	王乐航
11	5月10日	朱晗捷爸爸进课堂（护牙行动）	陈奕铭	胡高佳乐
12	5月17日	变废为宝	曹毅桢　钱凌霄	屠诗颖
13	5月24日	抢椅子比赛	俞淳楷　洪鏐栾	李亦伦
14	5月31日	"六一"大联欢	吴怡　张嘉希	黄驰昊
15	6月7日	魔术表演	余功行　陆珍妮	徐禛
16	6月14日	孝星大评比	班主任	胡高佳乐
17	6月21日	评比"风雅少年"	班主任	屠诗颖

我让负责主持的孩子根据预设的内容早做准备，当然准备的内容要提早两周在我这里过关。我鼓励小主持人们团结协作，去图书馆、网络寻找资料，在家长的帮助下制作好简单的课件。每周一次的班会活动课，成了

孩子们最喜欢、最期待的课。我们的小主持人在主持时根本不看稿子，态度落落大方，语言生动诙谐，在下面观看的我也不知不觉地被吸引。这样搭建的平台，不再只是优秀生的舞台，原本躲在角落里不敢大声说话的孩子一个个脱颖而出。给孩子们一个舞台，他们会还给我们一份惊喜。

二、开发多元智能，让活动具有开放性

人际沟通能力、艺术创作能力、动手能力等很难在平时的考试中体现出来，在预设班队活动时，我尽可能地考虑周到一些，让更多的孩子有表现的机会。比如，水果拼盘活动不只是制作水果拼盘，还要在小组之间进行比赛。这样，一些孩子就想方设法去向家长和亲戚朋友请教。有一位成绩中等的孩子的爸爸是酒店厨师，他就让爸爸手把手地教他用水果雕了一条龙。制作水果拼盘时，这个男生握着小刀，十根手指灵巧地上下翻飞，转眼之间，一条腾飞的黄瓜龙就出现在眼前，令同学们大为赞叹。全班同学从此对他刮目相看。他渐渐变得自信了，各科成绩更如芝麻开花——节节高。

看《窗边的小豆豆》一书时，我被小林校长的爱心深深打动。他开了一个别致的运动会，其实就是为了让那个身有残疾的孩子也能参加。想到这些，我的内心总是被一种温暖打动。我也经常观察我班的一些弱势孩子或中等孩子："红日班"有个叫小峰的孩子，因为家庭的原因，他不愿意做作业、逃学、撒谎，一来上课就装病、打架……老师经常被他搞得心烦意乱。了解到他爸爸妈妈复婚后开了一家小饭店，小峰烧菜也有两手，于是，我专门带领同学们在学校旁边的空地上搞了一次野餐活动，并规定每个组的每个孩子都必须烧一份菜，每个组评选出一名最佳厨师长。小峰炒菜时，平时那些成绩好的孩子全都成了他的助手。"袁佳，快去拿点儿盐来！""姜伊凡，拿水来！"他边炒边指挥，而这些平时习惯了对他指手画脚的优秀生

在这时候个个听从他的"命令"……拿到"最佳厨师长"的奖状后,他甜甜地笑了。从此,他的学习积极性明显有了提高,不再破罐子破摔。

踢毽子比赛、做手工比赛、班级十佳音乐小达人、书法比赛……这些活动成就了一批默默无闻的中等生。教师评价孩子不能只局限于孩子的成绩,而要用发展的眼光看待孩子的智力成长,以"人人都能成功"为教育理念,充分了解孩子的智力特点,实施个性化的活动和发展多元化的评价。

请相信这句话:世界上没有垃圾,只有放错了地方的财富。每一个孩子都是一颗闪闪发亮的珍珠。

第六章 卓越教师的『非常孩子』转化艺术

"非常孩子",
一个个折断翅膀的无邪儿童,
需要班主任用初恋般的情怀
虔诚地呵护,
踩着碎小的步子,
温暖触摸他的身体和灵魂,
用群体去烘热他孤寂的内心,
鼓励家长延迟满足这些娇惯了的"折翼天使",
静静地,
帮助缝补他们折断的翅膀,
总有一天,
他们也会高高地飞翔
……

策略35：温暖触摸

心理学上的"触摸效应"

"罗老师，毛岩又打人了。"

我刚刚回到办公室，班里的学生就来报告。说起毛岩，真是让我头疼：打架、骂人、扔纸屑、不写作业、值日时逃跑……他的问题简直层出不穷！我把他叫到办公室，正准备像往常一样批评他时，却见他的双手插在口袋里，头扭向一边，一脸的不屑。我意识到以往的批评教育并没有起到作用，顿时火冒三丈，但我极力压制住自己的怒气。冷静下来之后，我把毛岩拉到自己身边，耐心地询问他打人的原因。我的反常令他一时间不知所措，小脸涨得通红。

我伸出双手，把他搂在怀里，轻轻地对他说："你是好孩子，我相信你以后再也不会打人了。"毛岩从此再也没有和同学打过架，而且常常帮助同学做值日工作，他的学习成绩也明显提高了。

这是罗有平老师在《辽宁教育》2006年第3期上讲述的真实故事。每位班主任都可能遇到过像毛岩这样调皮捣蛋的学生，当他们犯错后，老师耐心地进行批评教育，但他们屡教不改，甚至愈演愈烈。老师的耐心快磨光了，这些"小捣蛋"仍然"刀枪不入""油盐不进"，特别让人头疼，而罗老师的一个拥抱胜过以往的责骂，收到了意想不到的效果，正所谓"无声胜有声"。通过身体的接触给他人以积极情绪和支持，就是触摸效应。

触摸效应最早是由心理学家蒂法妮·菲尔德（Tiffany Field）发现的。当时，人们认为早产儿应该生活在一个犹如子宫般的隔离环境中，一方面

> 可以让他们远离病菌，另一方面可以避免抚摸，因为成人的抚摸只会给他们压力感，从而阻碍他们生长。但是，从生活经验中可以发现，婴儿在母亲的怀抱中会睡得格外香甜，他们似乎有一种强烈的"皮肤饥渴症"，特别需要养育者的抚慰、拥抱。为了证明抚摸对早产儿的作用，菲尔德对20名早产儿开展了一项长期实验。实验中，每天对这些早产儿进行3次舒缓而有力的抚摸，每次15分钟，每天共45分钟。10天后，受到抚摸的婴儿比没有得到抚摸的婴儿平均体重重47%，而且睡眠和灵敏性也都有很大的改善。到第8个月月末，他们的体质和智力有明显的提高，而且受到抚摸的婴儿离开保育箱的时间比其他婴儿平均提前了6天。菲尔德解释道：抚摸能有规律地刺激生长激素的分泌，进而促进消化吸收功能。

面对攻击力强的"非常孩子"，班主任常常会有一种迷茫、无助的乏力感。因为这些孩子很多时候真的是"刀枪不入"。我们不妨学学罗有平老师的温暖触摸，借助触摸效应来转化孩子，也许会取得意想不到的效果。

一、身体的触摸，让孩子感到温暖

"非常孩子"之所以非常，是因为受到了家庭、孩子自身的性格、遗传、家长不正确的教养方式、孩子所处的环境等因素的影响。一般而言，"非常孩子"从小听到的就是训斥、批评，看不到希望，于是炼成了"刀枪不入"的"铜墙铁壁"。

当孩子做得好的时候，我们不妨以握手、刮刮小鼻子等方式来鼓励；当孩子犯错误的时候，也不要一味地训斥和批评，有的时候，不妨给个拥抱，柔声地告诉孩子："你是一个好孩子，我相信，你的本意并不是想这样……"让孩子敞开心扉，说出他内心的真实所想以及不良行为的动机，再教育他,会有的放矢。只有了解了问题的症结所在,才能有针对性地"下药"。

【我的案例】

灰尘把金子的亮光遮住了

我班的小博(化名)是一个特立独行的孩子,常常莫名其妙地在上课时接老师的话茬,平时骄横跋扈、情绪化、任性,由着自己的性子,想怎样就怎样,不肯午睡……

开学第二周,班上的部分孩子还不能自主午睡,我发狠了:谁被记录在案,谁放学后就在教室里睡半小时,以作惩戒。

我一一与家长进行私下沟通,征求意见,家长全都表示支持。大多数被留的孩子只睡了十多分钟,我就让他们回家了,只是"小戒"一下。

小博被我留在了最后,他通常是独自乘公交车回家的,看着别的孩子都是家长开开心心地来接,我真的很不忍心,但我告诉自己,没有阵痛,换不来孩子的崭新面貌。这是他第一次尝到除了批评外实打实的"惩戒",让他承担了身处集体之中而不遵守集体纪律的后果。

我把他叫到身边,拥抱了他一下,说:"小博,许老师真的很喜欢你,是把你当作自己的儿子一般看待,我今天留你到最后一个,不是看不起你,而是想帮助你。因为,你是一块金子,一块蒙了灰尘的金子,灰尘把你身上的亮光全部遮住了。"

听到"金子"这两个字时,他的眼眶里突然溢满了泪水,大颗大颗的泪珠顺着他的脸颊往下淌。我捧起他的小脸,轻轻地帮他擦拭泪水,告诉他:"你身上有70%的优点,比如脑子聪明、头脑灵活、思维敏捷、愿意为班级做事等,只有30%的缺点。爱说废话和不能安静地午睡这些缺点导致你这块金子蒙上了许多灰尘,让大家看不到你的光芒。我们就先从第一个缺点——午睡开始改起吧。我知道你从小没午睡的习惯，睡不着，那么许老师先给你一个午睡的底线——你可以看书，可以睡觉，但绝对不能发出声音和走动，不能干扰其他同学午睡。这是一个底线，你能答应吗？"

小博说能做到。我与他钩了手指。

那天以后，每当午睡铃声响起，他就捧起一本书，安静地坐在自己的座位上阅读。

我看在眼里，喜在心里。

二、心灵的触摸，让孩子感到温暖

"非常孩子"的心灵如茂密的丛林，外人很难走进去。触摸他们的心灵，打开他们的心门，那就离成功不远了。

要触摸孩子的心灵，班主任可以采取很多种方式：给孩子送生日礼物——课外书；午睡时发现孩子没有被子盖时，把自己的被子给他盖；当他生病时，嘘寒问暖……贴近"非常孩子"的心灵，才能消除他长期以来对班主任的不信任感和陌生感。

【我的案例】

没有朋友的孩子

我班的小墨是一个令全班同学讨厌、令老师烦恼不已的孩子。他总是喜欢拿别人的铅笔、橡皮、玩具等东西，我跟他说了不知多少次，刚跟他说好，他走进教室，又去拿同学的铅笔、橡皮了。

把他从小带大的外公告诉我，不管他要买什么东西，只要是他要的，家长都会买给他，不知为什么他还要去拿别人的东西；家长还曾带他去看过心理医生，但没一点儿效果。只要老师不在，包括午睡、做眼保健操的时候，他总会发出一些搞怪的声音，引得全班同学哄堂大笑，没有一个孩子愿意与他同桌，只要给他派一个同桌，没两天就有家长打电话来……

这样一个在全年级大名鼎鼎的人物，许多时候真的让我有点厌烦了。软的、硬的方法，该用的都用了，可是他依然如故，我始终走不进他的内心。直到有一天，班级组织亲子烧烤活动，她妈妈打来电话说，因要去医院做个手术，无法陪他来。我才知道他妈妈要住院了。

两天后，我问起他妈妈的情况并告诉他，许老师将去医院看望他妈妈。周六，我利用休息时间，在他的陪同下开车去医院看望他妈妈。在路上，他对我敞开了心扉："许老师，我没有朋友。有的时候，我一个人悄悄地躲在角落里哭。"他告诉我，他搞这么多的怪动作引同学发笑，拿同学的文具、玩具，都是因为他想引起同学的注意，哪怕同学吼叫着来追他，他也觉得是快乐和幸福的。我告诉他，你越是这样做，就越容易引起同学、老师的反感，是背道而驰了。他一副恍然大悟的样子。就是从那次开始，他对我信任了，我彻底走进了他的心里，我的话他也能够听进去了。渐渐地，他有了明显的进步。

触摸，不仅能传递爱，还能释放压力。通过握手、拥抱等触摸，用真诚的呼唤和尊重进行心灵的触摸，"非常孩子"会慢慢转变的。

策略36：踏小步子

心理学上的"连锁塑造"

有一对恩爱的夫妻，丈夫从不愿意做家务，每天下班后，妻子还要拖着疲惫的身体做饭，她非常苦恼。直到有一天，她受到启发，用一个聪明的办法彻底改变了她的丈夫。

上班前她把米洗好，放进电饭煲里，一切准备就绪，只要插上电源就可以。下班后，她故意晚回家一会儿，打电话对丈夫说："我现在不能回家，你只需要插上电源，我们就能按时吃到晚餐了。"丈夫觉得这很简单，就爽快地答应了。妻子回家后热烈地拥抱丈夫，夸奖他说，我们能按时吃上这顿晚餐，都是因为你的这个举动——插电源。这样过了一段时间，妻子准备好米让丈夫洗洗放进电饭煲里，再插上电源。丈夫觉得并不比以前麻烦太多，于是回家后就好好地把饭煮上。慢慢地，妻子留下的工作越来越多，而且妻子每次都会因为丈夫的小小进步而夸奖他。于是，丈夫在不知不觉中改变了自己的行为，同时也潜移默化地改变了自己对做家务的态度，每天回家做饭成了他的习惯。

心理学家斯金纳做了一项实验，他准备了一只箱子，在箱内的一面箱壁上嵌上一个与箱子平齐的彩色小塑料圆盘，训练鸽子啄这个彩色圆盘，而不是箱壁上的其他地方。最初，只要鸽子在箱子中的任何地方朝盘子这个方向稍微转动一下身体，就给鸽子喂食。这样，多次以后，鸽子朝彩色圆盘方向转动的频率明显提高。这时提高要求，只有鸽子转向圆盘这个方向时才喂给它食物。最后，等到鸽子啄圆盘时才给它喂食。这样多次之后，

> 鸽子真的学会啄圆盘了。
>
> 　　也许你要问,这是什么神奇的方法啊?其实,上面教鸽子啄圆盘的具体操作过程就是连锁塑造的全过程。
>
> 　　连锁塑造就是指通过小步骤反馈来达到学习目标,也就是说,首先把大目标分成几个小目标,每完成一个小目标就进行反馈或强化(对于鸽子而言就是喂给它食物),最终达到大目标。

"非常孩子",往往是集众多缺点于一身,行为习惯、学习习惯一塌糊涂,不爱学习,自制力差……搞得老师头昏脑涨,惹得同学心烦意乱。"非常孩子"极考验班主任的耐力。

班主任需要耐心地引领和帮助"非常孩子",让他们最大限度地提升自己。班主任可让孩子从最简单的事情开始,一步一步地建立信心,扬起他前进的风帆。

一、用科学手段,了解孩子问题的成因

"非常孩子"并不是一生下来就是这样,而是孩子的成长环境、家庭的教养方式出了问题,或者父母离婚,给孩子造成了心理阴影;或者孩子从小由爷爷奶奶或外公外婆带大,祖辈的过分溺爱造成了孩子任性、骄横跋扈、唯我独尊的个性……了解"非常孩子"的成长背景,要扫描到孩子7岁之前,还要给孩子做一个早期记忆分析:让他写下童年印象中最深刻的三四件事,描述得越具体越好,从孩子描述的事情来读取信息,了解他的性格成因。若是单亲家庭,可让他画全家福,画中每个人离这个孩子的距离代表着这个家人在孩子心目中的地位。(具体参见王晓春老师的专著《给教师一件"新武器"——教育诊疗》)

二、设定小目标，让孩子迈着小步子前进

"非常孩子"，身上一定缺点多多。许多时候，班主任让他写保证书、叮嘱他不要再犯，丝毫不起作用。他们要改掉身上的坏习惯、坏毛病实在太难了。在教育"非常孩子"的过程中，我经常借鉴心理学上的连锁塑造原理，给孩子制订小目标，先让他从最能做到、最容易做到的事情做起，比如认真做眼保健操。我往往先征询"非常孩子"的意见，告诉他，"你若能坚持一个星期，我就给你发喜报，向家长报喜"。他做到这一点后，我又顺势提出另一个目标，即便另一个目标暂时没实现也没关系，再选择另外一个，随着挑战成功次数的增加，"非常孩子"的自信心会越来越强，连锁塑造的威力也就越来越大。

【我的案例】

迈着小步子前进

"红苹果班"的晴晴是班上的一大风云人物，他活泼好动，不遵守纪律，爱与同学吵架，喜欢拿别人的自动笔，不认真做眼保健操，常使班级被扣分，爱说脏话，上体育课如脱了缰绳的野马，一说做作业就发蔫……每天在他身上，有演绎不完的"精彩"，处理不完的"糟糕"。

为了更好地了解他性格的成因，我收集了他的早期记忆资料：

1. 3岁的时候，在奶奶的三轮车里，我摔了一跤，骨折了。

2. 5岁的时候，我玩遥控飞机被飞机打到了脸，脸被打破了。

3. 6岁的时候，我和爸爸妈妈去沟里捉龙虾，我不小心滑了一跤，掉进了沟里，妈妈马上把我拉了上来。

4. 一天，我和爸爸妈妈去公园玩，湖水结冰了，我看见爸爸

妈妈在看别的地方，就悄悄地走到冰上去，后来我掉进了湖里，妈妈马上把我拉了起来。

看着这四件晴晴童年时印象深刻的事情，我不由得深思着。一个人的童年早期表现，将决定其性格走向。摔跤、打破脸、掉到沟里和湖里，全是糟糕的回忆，这孩子不正是一个标准地道的小毛猴吗？

从早期记忆就可看出，这是个强烈动作型男生。难怪每一回奶奶来接他，说起他的不听话可以用"咬牙切齿"来形容。每回与他爸爸妈妈交流，他们说得最多的就是孩子从小爱吵闹、不听话……王晓春老师说，从早期记忆可以看出一个人的非智力因素。看这个孩子的早期记忆，我深深地理解了他的家人的不容易。孩子在家已处于严重的失控状态了。

王晓春老师说，教育不是把桃树变成柳树，而是让桃树变成好桃树，让柳树变成好柳树。这么调皮的孩子，绝对不可能变成静如处子的孩子，那是违反教育规律的，也是不可能实现的。我非常坦然地接受了他的"好动"，对于他的好动和调皮不再苛求。

讲《难忘的泼水节》这一课时，我让孩子们边读边表演，晴晴居然拿下脖子上的红领巾围在了头上，扭动着屁股读课文，引得全班同学哄堂大笑。我没有批评他，只是走到他身边，摸摸他的头，他就笑着取下了红领巾。

这么一个集许多缺点于一身的孩子，对搞卫生却情有独钟。每回劳动他都很积极、认真。于是，我任命他为班级的卫生负责人，和潘龙一起，主管我班的卫生工作。

换一个角度看这个孩子，我分明感觉到了他身上可爱的一面。我要慢慢地让他改掉这些坏毛病，该先从什么地方下手呢？我开始了思考。

咦，怎么好久没有同学来投诉他说脏话啊？

上学期期末，晴晴爱说脏话达到了"疯狂"的程度，时常有同学投诉说他口吐脏言，他还经常说××与××一起去洗澡之类的不三不四的话。美术老师小姚有一天在课后也向我反映,晴晴画画时给老师画了一只胸罩,再联想一年级时体育老师反映他露小鸡鸡给同学看的事情……

晴晴的心理健康吗?这引起了我的高度重视。我多次悉心询问,晴晴才告诉我,上幼儿园时,爸爸妈妈不在家,他看到了不该看的碟片,从此,这样的画面常出现在他的脑海里,不说出来就很难受,一说就很兴奋。听了孩子的话,我不禁责怪起家长来。唉,家长怎么会如此疏忽!我与孩子的妈妈联系,让妈妈多与孩子交流、谈心,关注他的心理健康。

问题的根源找到了,我就开始对症下药。

我先调整好自己的心态,调控好自己的情绪,当孩子出现不良的状况,需要我处理问题时,要尽量减少或避免对他的责备和训斥,多倾听他内心的声音,拉近他与我之间的心理距离,使他在感情上向我靠拢,从而取得他的信任。

我时常趁空余时间找僻静的地方与晴晴交流,舒缓他的紧张情绪,有一回陪他聊到了下午6点,还送了他一本书……

这学期开学整整一个月了,我没听见过同学投诉晴晴。我正好可以利用晴晴的这一点进步。我把他找来,表扬他现在不说脏话了。很少听到表扬的他顿时心花怒放。

我摸着孩子的头,与他商量:接下来,咱们再定一个目标,一个你能实现的目标,只要你能做到,你这一周的行为规范就是优秀。

晴晴侧着头想了一会儿,告诉我,目标是:认真做眼保健操,做时不睁开眼睛。

"好啊!那我相信你!等一下,你在全班同学面前说一说你的目标,有没有勇气?"我问。他笑着点了点头。

晴晴站到了讲台前,在全班同学面前说出了要认真做眼保健操的决心。在我的带头下,同学们给他送上了热烈的掌声。

因为目标小，所以容易达到。这一周，每天上下午两回做眼保健操，晴晴真的没有再睁开眼睛，也没有乱说话。每天，我及时反馈并表扬他在做眼保健操时的好表现。

这样，他第一回拿到了喜报；他认真做眼保健操被列为第四周"'红苹果班'的十大幸福事"之冠，摘取了那一周的"幸福之花"。

"晴晴，我代表全班同学向你送上鲜花，希望你能做得更好！为我们班级争光！"值月班长陈箫箫把一朵娇艳的红花奖给了晴晴。晴晴的眼眶竟然有些湿润。是呀，多少回，他因违反班级纪律，在走廊上接受班长对他的教育，而那天，他竟接到了全班同学送给他的"幸福之花"。

"谢谢同学们！我一定更加努力，为班级争光！"他的话声音不大，但很坚定。

"晴晴，这一周，你又准备在哪个方面挑战自己呢？"我故意这样问。

"这一周，我要改掉欺负同学、与同学吵架的坏毛病。"晴晴的声音提高了，充满了自信。教室里立时响起了热烈的掌声。

那一周，晴晴失败了，周三上体育课时，他忘乎所以，又去追赶女生了。

挑战失败了，又有什么关系呢？"非常孩子"的前进过程从来都不会一帆风顺，而是呈螺旋式的上升。

下一周，我与他商量，小目标为不拿别人的自动笔。为了让他实现这一目标，在征得全班同学的同意后，我为他开了特例，就是全班只允许他一个人玩玩具枪。就这样，晴晴几乎已快发展为心理疾病的爱拿别人自动笔的坏毛病治愈了，他没有再拿过同学的自动笔。

为了让晴晴学会安静、学会看课外书，我又与他协商，让他一有空就到我身边看书。家长会上，我让每一位家长在自己孩子的家校联系本上写出孩子的十条优点。晴晴爸爸写的第一条优点就是晴晴现在回家后知道拿出课外书看了。

尽管晴晴依然有这样那样的毛病，依然毛手毛脚，但是，我分明感受到了孩子那颗要求上进的心。看着他拿到因挑战自己胜利而获得喜报的欣喜，透过那张阳光般明媚的笑脸，我分明听到了一颗心悄然绽放的声音。我不由得想起了苏霍姆林斯基所说的话：每一个孩子的心底都有做好孩子的愿望！

步子小一些，目标小一些，扬起孩子前进的风帆，就会迎来一个灿烂的春天！

策略37：群体取暖

心理学上的"相似性原则"

荷兰画家梵高（Vincent Willem van Gogh，1853—1890）出生于一个牧师家庭。他25岁时来到比利时南部的博里纳日矿区传教。这里的人们都以做矿工谋生，衣着破烂，满脸煤灰。刚到这里的时候，梵高很担心自己不被当地人接纳。有一天，梵高为了烧炉子去矿区捡了许多煤渣，由于时间紧迫，他没来得及洗脸就登上讲台开始布道。出乎意料的是，他的布道非常成功，受到大家的普遍欢迎。当他回到住处准备洗脸的时候，从镜子中看见自己满脸煤灰的样子，他恍然大悟，明白了自己被认可的原因。从那以后，梵高每天布道前都往脸上涂抹煤灰，使自己看起来更像当地人。

梵高因为与当地人一样满脸煤灰而得到了他们的认可。他先是无意，后是自觉地运用了社会心理学中实现人际吸引的一条重要原则——相似性原则。

> 内在相似性对人际吸引有更为重要的作用。在生活中，我们时常见到这样的情形：在人们的早期交往中，年龄、社会地位、外貌吸引力往往起着重要作用，但随着交往的深入，信念、价值观、个性品质等因素的作用会慢慢凸显，超过其他因素；很多兴趣爱好、价值观等相同的人往往能够成为知心朋友。
>
> 美国心理学家纽科姆（Theodore Mead Newcomb，1903—1984）曾于1961年做过一项实验，探究空间距离、态度和价值观对人际关系的影响。他招募了17名大学生，测量他们的人格特征以及对经济、政治和审美等方面的态度和价值观，然后将他们安排在一个公共宿舍的几间寝室里，共同生活四个月。在每间寝室中都有价值观和人格特征相似者与不相似者。在最初和四个月后，让这些大学生相互评价，并报告喜欢谁、不喜欢谁。结果表明，在相处初期，同寝室的人走得比较近，而到后期，态度和价值观相似的人彼此评价更高。这说明空间距离在开始时起重要作用，但态度与价值观的相似性在后期成为影响人际关系的重要因素。

班上的"非常孩子"，因为缺点多、行为习惯极端，与环境格格不入，找不到态度、价值观相似的同学沟通和交流，于是朋友很少。内心的孤独会使其想尽办法做一些怪异的动作来引起别人的注意，哪怕是同学愤怒地来追他，他也会觉得快乐。我曾教过的小Q同学，家里经济条件较好，但他就是爱拿同学的文具，简直到了走火入魔的地步，每天不拿一回就难受。每一次被同学发现，他总是不承认，非要同学围追堵截，他才会悻悻地把文具还给同学。他如一只背负着坚硬外壳的蜗牛，期待友情，却一步步背道而驰，距离目的地越来越远。

一、写优点，温暖孩子的心灵

苏霍姆林斯基说，每一个孩子的心底都有做好孩子的愿望。"非常孩子"就是因为看不到希望，才破罐子破摔的。

想办法让"非常孩子"看到希望，觉得自己并不是一无是处，点燃他的希望之火，我常用的一个招数就是号召全班孩子给他找优点。

峰峰逃学、撒谎、痴迷于网络游戏。他来自离异家庭，与妈妈一起生活，一到双休日就去奶奶家。当初他父母闹离婚时，奶奶为了帮他父亲争夺峰峰的抚养权，曾经把他藏起来不让他去上学达半个月。之后，本就懒惰的他尝到了不上学的快乐，双休日在爷爷奶奶家玩得潇洒，不用做作业，周一上午，一到教室就会呕吐，甚至真吐出了一些绿水。一开始，我甚是着急，让他妈妈赶紧带着他去医院看病。但接连几回，且每一回发病的时间正好在周一早上，我就纳闷了：怎么这病早不发，迟不发，偏偏在他不完成回家作业的周一早晨就发作呢？再后来，我看出了蹊跷，原来他是为了逃避周一补作业才这么做的。好一个狡猾的小家伙！经过调查与谈心，他也承认自己的确是为不写作业而假装生病。到后来，他更是与妈妈上演一出出"猫捉老鼠"的闹剧：妈妈看到他进入校门后，放心地走了；而他借口上厕所，转身就溜了。有的时候，他妈妈还没到工作单位，就已接到我的电话……

唉，这个孩子啊！

有一次，妈妈送他到教室后，我利用一节课的时间，让全班孩子写写他的优点：峰峰的字写得很漂亮；峰峰朗读课文的音色很悦耳；峰峰很热爱劳动……我让峰峰站在讲台上，听全班孩子逐个宣读他的优点。他听着听着，突然眼眶里溢满了泪水："太谢谢同学们了！我以后一定要好好读书。"

二、借助同伴力量，安排乖巧懂事的孩子来帮助他

"非常孩子"往往外表霸气，实则是"纸老虎"，其咆哮狰狞只是内心孤独的一种表现。对于这样的孩子，解决他的朋友源问题至关重要。班主任可事先安排五六个行为规范好、有责任心、自制力强的孩子一起做他的朋友。大家一起玩的时候，也邀请他参加，让他体验到被尊重、被邀请的自尊感。优秀生与他一起玩，在他不会做题时教他，还可以与他谈心、劝导他；绝对不能瞧不起他。群体的力量不仅能温暖他，甚至可以帮助并督促他完成作业。千万不要只安排一两名优秀生与他一起玩，那样可能造成的后果是，非但这个孩子没有改观，优秀生反倒有可能被带坏。让至少5名以上的学生组成一个团体去影响他，正面的力量和超大的气场会令他的一些坏习惯和坏毛病没有市场，从而达到影响他的目的。

如果一个班中挑选不出自制力强的男生群体，还可以把一些乖巧懂事的女生招募进来，任命团长、副团长，制定章程，让他们明白何事可为，何事不可为，并不时地把他们集合起来聊聊。在这个特殊友爱的群体中让"非常孩子"受到熏陶和影响，他会因被尊重、被引领而感到班集体的温暖，一点一点地朝着我们所希冀的方向迈进。

【我的案例】

"飞天侠女团"诞生记

我平生最讨厌爱欺负女生的男生。若班上有男生欺负女生，我知情后，定会狠狠训斥。

在我所带的班里，我会用很多时间让所有男生明白：女生无论成绩好坏、是否美丽，都是美丽的花朵，需要男生呵护。

在我班上，苦、累、脏的活儿，男生包揽。干活的同时，消耗男生的旺盛精力，激发他们男子汉的责任感。

我把女生捧在手心。她们干什么呢？

女生，在努力争取自己的成绩达到优良的基础上，协助班主任打理班级，督促男生，帮助男生，让身心发育迟于她们的男生稳步前进。

某日，我与晴晴聊天时，他告诉我，在他家是妈妈说了算，爸爸怕妈妈。班上近一半的孩子对我说爸爸患了"妻管严"。

前天，思佳告诉我，嘉嘉总是欺负她。我不由得怒从心中起，于是，我借题发挥，向他开炮——

"有句话说得好，一等男人怕老婆，二等男人骂老婆，三等男人打老婆。譬如，晴晴的爸爸怕他妈妈。你们觉得是真的怕吗？一个男人要打一个女人，哪里会打不过？家和万事兴，这说明晴晴的爸爸素质高，懂得关爱女人。我最看不起的就是打女生的男生，那叫没素质、没修养。今天回家后请转达许老师对这些怕老婆的爸爸们的敬意，告诉他们，他们是真正有素质、有教养的男人。"

嘉嘉的脸红一阵，白一阵。那些一直觉得自己的爸爸患了"妻管严"的孩子却眼睛发亮。原来，怕是爱的一种表现啊！孩子们恍然大悟。

班级里的男生比女生多了6人，而男生又大都属于动作型，不能和平相处，座位问题一直困扰着我，特别是晴晴和炜炜坐一起后"干戈"不断，废话连篇。鑫鑫、嘉嘉等孩子与同桌相处时总有不大不小的问题。我一直在想该怎么安排这些孩子的座位，但一直没找到理想的办法。

闲聊时，我随口问晴晴："你见了哪个女生会害怕？"他告诉我，他见了子涵怕。哈哈，天不怕、地不怕的熊孩子见了这个小美女怎么如此害怕？原来，子涵成绩好，又可爱美丽，在这个坏小子面前一副野蛮样。晴晴见了男生挥拳相向，在又聪明又美丽的子涵面前，一点威力都发挥不出来了。

鑫鑫呢？他踮着脚，告诉我，见了月婷怕。

嘉嘉呢？他抿着嘴，告诉我，见了笑笑怕。

小松呢？他眯着眼，告诉我，见了原青怕。

姚炜呢？他俯着身，告诉我，见了婷婷怕。

……

嘿嘿！

一物降一物。我发现这些令超级男生见了畏惧的女生一般都是这种类型的：才貌双全，成绩优秀。这些担任组长级别以上班干部的女生对自己的工作极其负责，面对强势的男生，不畏惧，雷厉风行，让这些男生既无奈又无助。

我豁然开朗，立即召集了班上6名成绩优秀、雷厉风行的女生，成立了一个"飞天侠女团"，由她们对班主任后援团的6名男生进行全面指导与督促。

我重新安排座位。子涵与晴晴一桌，鑫鑫与月婷一桌，嘉嘉与笑笑一桌，小松与原青一桌，姚炜与婷婷一桌，宇宇与小蝶一桌，让这些可爱、可敬的女生负责监督男生的纪律、完成作业等各项工作。

"许老师，晴晴逃到三楼上去了。叫他也不肯下来。"下课时，子涵跑来告诉我。"呵呵，好啊，那你想想办法，怎么去降伏他？"子涵听了我的话后，笑眯眯地想办法去了。

……

借助同伴的力量，督促调皮的孩子渐渐养成好的习惯，班主任就能节省许多精力和时间。

三、投其所好，营造融洽气氛

苏霍姆林斯基说，如果缺少同孩子的友谊，在精神上没有共同点，教育就会在黑暗中迷失路径。班主任可以利用彼此的相似性，营造师生之间融洽的气氛，维系师生之间的和谐关系。平时要与"非常孩子"多沟通、多聊天，多采取移情的方式走进孩子的内心。若发现孩子喜欢某个明星，就告诉他，你也很喜欢这个明星……这样"非常孩子"会越来越信任你，彼此之间的气氛融洽了，也就找到了通往孩子心灵的道路，距离成功也就不远了。

策略38：延迟满足

心理学上的"延迟满足"

20世纪60年代，美国心理学家米歇尔（Walter Mischel）曾经做过一个著名的"糖果实验"，对象是斯坦福大学附属幼儿园的孩子，该实验一直追踪到这些孩子中学毕业。实验者将一群4岁的孩子留在一个房间里，给他们每人发一颗糖，然后告诉他们："我有事情要出去一会儿，你们可以马上吃掉糖，但如果谁能坚持到我回来的时候再吃，就能得到两块糖。"有的孩子迫不及待地吃掉糖。有的孩子一再犹豫，但还是忍不住把糖塞进了嘴里。其他孩子用尽各种方法让自己坚持下来：有的闭上眼睛，避免看见诱人的糖果；有的将脑袋埋入手臂之中，自言自语、唱歌、玩弄自己的手脚，甚至努力让自己睡着。20分钟以后，实验者回到房间，坚持到最后的孩子又得到了一块糖。

实验之后，研究者进行了长达14年的追踪研究。他们发现，到中学时，这些孩子表现出了明显的差异：自制力强的孩子的社会适应能力强，较为自信，人际关系较好，也较能面对挫折，在压力面前不易崩溃、退却、紧张或乱了方寸，能够积极迎接挑战，不轻言放弃；在追求目标时，也能和小时候一样压制立即得到满足的冲动。而冲动型的孩子约有三分之一缺乏这种特质，反倒表现出一些负面特征，例如，怯于与人接触，固执而优柔寡断，容易因挫折而丧失斗志，认为自己是坏孩子，遇到压力容易退缩或者惊慌失措，容易怀疑别人以及对别人感到不满，容易嫉妒或羡慕别人，因易怒而常与人争斗，而且和小时候一样不易压制即时得到满足的冲动。

这些孩子中学毕业时又接受了一次评估，结果表明4岁时能够耐心等待的人在校表现更为优异，这些孩子学习能力强，在语言表达、逻辑推理、专注、制订并实践计划、学习动机等方面都比较好。更让人感到意外的是，这些孩子的入学考试成绩普遍较高，等待最久的三成孩子，平均成绩语文610分、数学652分，而最迫不及待地取走糖果的三成孩子，平均成绩语文524分、数学528分。两组孩子的总分差距多达210分。

这种现象可以用心理学上的延迟满足来解释。米歇尔认为，延迟满足是一种心理成熟的表现。具体来说，延迟满足是专指一种甘愿为更有价值的长远结果而放弃即时满足的抉择，以及在等待中展示出来的自制能力。

综观班级里的"非常孩子"，100%属于最先吃糖的那一批孩子，他们抵挡不了糖果的诱惑，随心所欲，想吃就吃，率性而为，缺少自我挑战的能力。苏霍姆林斯基说，所有的教育归根结底就是自我教育。这些孩子往往严重缺乏自我教育的能力和抑制冲动的能力。这离不开家庭的溺爱，孩子想要什么就有什么，他们提出的各种要求都能得到及时满足，如此，反倒给了家长温柔的一刀，孩子在学校里自由散漫，唯我独尊，成了令老师、家长头痛不已的"非常孩子"。

一、延迟满足，让孩子学会期待

现在许多年轻的"90后"家长，自己就属于蜜糖一代，给孩子买高档货、穿名牌衣服，尤其是养育女儿的家长，更是把"女孩富养"的观念奉为圭臬，孩子想要什么就给她买什么，结果孩子看到什么都想拥有，形成了不健康的心理，一不小心就成了患有"拿物癖"的"非常孩子"。

【我的案例】

喜欢拿别人东西的孩子

"许老师，今晚有空吗？"电话中传来小Y妈妈哭泣的声音。"怎么了？"我一惊。小Y妈妈哽咽着说，孩子在某培训中心拿了若干东西，这已不是第一次了。

小Y？居然有这事？要不是她妈妈说，我是无论如何也想象不到的。她是个乖巧懂事、人见人爱的孩子，就是学习成绩不算很优秀。我教她三年也从没有同学来报告说她爱拿别人的东西。

小Y妈妈泣不成声。这是一位懂教育的妈妈，她把孩子的品质看得比什么都重要。我理解孩子妈妈此刻的无助，要不是心理上过不了这个坎儿，她无论如何也不会来打扰我。我特别理解她的焦灼无奈。

"好的。那我今晚上你家家访去。"我毫不犹豫地说。

到了小Y家，孩子的姑姑、爸爸、妈妈都坐在沙发上，小Y待在自己的房间。

我与小Y打过招呼后，坐到沙发边，先与她妈妈聊天。首先，我关注的是：孩子发生这样的事情已经有几次了？每一次家长都采取了什么措施？

小Y妈妈告诉我，第一次发现她喜欢拿别人的东西，是她才两周岁多一点时，当时她拿了她表姐的银耳环。当时觉得孩子还小，不懂事，就好好地与她讲道理，说别人的东西不能拿。后来，她又拿过舅妈的一些假饰品，妈妈罚她在门外站了40分钟。不能拿别人东西的道理几乎每天都对她讲。前不久，这孩子拿了她表姐价值400多元的MP4，被妈妈用针扎手心，扎得出血。

妈妈在这方面一直防备孩子，去亲戚、同学家时都不让她带包。今天，她拿了培训中心一位老师的粉红色手机、一件老师做示范用的很漂亮精致的手工作品、同学的一块卡通手表，还有一些很可爱的小东西。培训中心的负责老师告诉小Y妈妈，要不是小Y被当场捉住，大家怎么也不会怀疑到这孩子。小Y在培训中心学业优秀，每一位老师都很喜欢她。

孩子妈妈问我：为什么她要拿呢？小Y自己明明有手机的，去年去苏州参加夏令营时妈妈给她买了一部，也是粉红色的，很漂亮。但凡这孩子要吃的、要玩的、要穿的，哪一样东西没给她？卡通手表她也有，前年全家人去香港时买过的。小Y妈妈百思不得其解：孩子拥有这么多东西，为什么还要去拿别人的东西？

小Y妈妈很伤心，她说，她把整颗心都放在了孩子身上，一有空就带孩子去玩；牛排馆、西餐馆、中餐馆……只要是孩子爱吃的、爱穿的，她全都满足。女孩要富养，她尽量满足孩子，希望她日后能眼界高一些，能抵挡住一些诱惑。真没想到，孩子的品质这么差，妈妈失望至极，觉得天都要塌下来了。

从小Y妈妈的描述中，我注意到，这孩子对钱不感兴趣。她拿的都是看上去比较漂亮的东西，且有许多东西她家中也有，只是款式不一样而已。在学校三年，我从没发现她拿过同学的东西，说明她对学习用品等不感兴趣。

我先劝慰了孩子的妈妈，让她放心，孩子的问题是成长中的问题，等我与孩子聊过后再与她交流。

我和孩子并排坐在床上,我微微侧着身子,看着孩子。这时我发现,孩子的大腿上全是一条一条红色的痕迹。"这是什么?"我诧异地问。

"打的。被妈妈打的。"孩子告诉我是妈妈用苍蝇拍打的。我看了觉得心疼,但我很坚决地告诉她:"你若是许老师的孩子,许老师肯定会打得更厉害!会让你的屁股开花!"孩子朝我看了看。

"小Y,今天许老师不管小弟弟,到你家来家访,不是为了来批评你,而是来帮助你!你知道吗?"我郑重地对孩子说。

"许老师当了20年班主任了,接触的孩子有好几百人。有和你同样问题的孩子,我也接触了不少。我有信心,你能够彻底改掉这个坏毛病。关键是,你一定要对我说实话。你心里是怎么想的,要老实地告诉我,知道吗?"孩子一听说我是来帮助她的,双眼微微亮了一下,她郑重地点头,说"好"。

"许老师问你第一个问题:你知道拿别人的东西不对吗?"

"知道。"

"第二个问题,你知道你拿了别人的东西后,你妈妈会严厉惩罚你的,对吗?"

"我知道的。"

"第三个问题,你知道拿了别人的东西后,会被别人发现的,别人会看不起你,对吗?"

"我也知道的。"

"那你为什么还要拿别人的东西呢?是控制不了自己吗?"我问道。

"是的,看到我喜欢的东西,我就控制不了自己。"孩子告诉我。

"那我问你,在学校三年,你从没有拿过别人的东西,那你是如何控制自己的呢?"我继续追问。

"在学校我能控制住自己不拿的。"她告诉我。

"是因为这些东西你都不太喜欢,才控制住自己不拿,还是因为是在学校而不敢拿?"我追问。

"是因为同学的这些东西我都不怎么喜欢,我才控制住自己的!"孩子非常肯定地告诉我。这一点我相信,她家的经济条件在我班肯定是最好的了,再说,平时我班的班规就杜绝带玩具到学校,诱惑源没有,自然也就不会有行动了。

"噢!这样啊!那你拿东西的时候,是一看见觉得很喜欢就拿了,还是犹豫挣扎了几天后才拿的。"我继续盘问。

"都是挣扎了好几天才拿。我用了好多办法,但都没用。我曾经在手上写字——不要拿别人的东西,若拿了就打自己。甚至,我还打过自己耳光,但都没有用。"孩子皱着眉头告诉我。我绝对相信,写字在手掌心提示自己,这些都是我平时教育孩子们挑战自我的时候介绍过的方法。

"那你想拿东西的这两天内心是如何挣扎的呢?能告诉我吗?"我问。

"这样东西总是浮现在我的脑海中,赶都赶不走。我晚上睡觉也想着它,不去拿,好像什么事都不能做了。刚拿到,我就很害怕,就想去还,但又不敢去。"三年级的孩子已能很准确地描述自己的心情。

"哦!我明白了!小Y,目前你依靠自己的能力,暂时克服不了这个坏毛病,许老师帮你出三个点子:一、当出现这个念头的时候,马上告诉妈妈,妈妈是最爱你的人,让她来帮助你。二、马上告诉许老师,我会尽我最大的能力来帮助你。三、当你出现这个念头时,把它写在日记本上,倾吐出来,好吗?"她说"好的"。

我走出去与小Y妈妈交流,告诉她:孩子的问题不是品质问题,而是心理问题,需要我们一起用心帮助她。我把刚才与孩子交流的内容告诉她妈妈,并把她妈妈叫到房间里,让小Y自己对妈妈说,以后若有这个念头时,会第一时间告诉妈妈。小Y妈妈当着我的面答应,孩子求助的时候,她绝不会批评她。

小Y妈妈给我一样一样看，孩子的衣橱里各种各样好玩的东西琳琅满目，简直可以开一个百货店。"她喜欢的东西，你们都满足她，那是不行的。这样，容易诱发她不健康的心理。"我对孩子的妈妈说，我从没看见过一个女孩居然有这么多好玩的东西。孩子的妈妈告诉我，许多东西是奶奶给买的。孩子的爸爸从不管，也很少陪孩子一起玩，这属于"伪单亲"家庭，妈妈内心愧疚，所以尽可能地在物质上满足孩子。

临走前，我给孩子的妈妈提了几条建议。

1. 三个月内不要带孩子去餐馆吃饭，在家也要尽量吃得简单一些。

2. 以后她看见喜欢的东西想叫你们买，不要总是去满足，要学会延迟满足。

3. 这半个月之内，尽量少去理睬她。

4. 辅导中心照样去，孩子在这方面有特长，不要因此而对她彻底失去信心。

5. 既然她的问题是心理问题，就请家长做好准备，很有可能这不是最后一次。若我的心理辅导疗效不大，需再找专业的心理医生。

以后的日子里，我分外关注孩子，经常问她还有没有这样的想法，她总是摇摇头说没有。

小Y在2021年已经考上英国的一所大学，她再也没有偷拿过别人的东西。

二、引导家长也学会向孩子提要求

"非常孩子"往往喜欢向家长提要求，看见自己喜欢的东西就向家长伸手要。我总是叮嘱家长：当孩子向你提要求时，你也要学会向孩子提要求。当孩子达到你的要求时，你才能满足他的要求。这样，孩子为了达到目的，会朝着你所要求的目标努力，这时候，他的冲劲也是最足的，经过努力才实现的目标，孩子更懂得珍惜。

班主任要让孩子从小学会延迟满足、学会期待、学会感激、学会珍惜、学会克制、学会奋斗，从而体验成功的快乐与人生的幸福。

参考文献

[1] 艾斯奎斯. 第56号教室的奇迹：让孩子变成爱学习的天使 [M]. 卞娜娜, 译. 北京：中国城市出版社, 2009.

[2] 常丽华. 在农历的天空下：新教育实验晨诵项目"农历的天空下"课程实践 [M]. 天津：天津教育出版社, 2009.

[3] 陈宇. 你能做最好的班主任 [M]. 北京：教育科学出版社, 2011.

[4] 李虹霞. 创造一间幸福教室 [M]. 北京：教育科学出版社, 2014.

[5] 李镇西. 做最好的班主任 [M]. 桂林：漓江出版社, 2019.

[6] 刘儒德. 班主任工作中的心理效应 [M]. 北京：中国轻工业出版社, 2012.

[7] 刘儒德, 等. 教育中的心理效应 [M]. 上海：华东师范大学出版社, 2006.

[8] 尼尔森. 正面管教：如何不惩罚、不骄纵地有效管教孩子 [M]. 玉冰, 译. 北京：北京联合出版公司, 2016.

[9] 帕尔默. 教学勇气——漫步教师心灵 [M]. 吴国珍, 等译. 上海：华东师范大学出版社, 2007.

[10] 万玮. 班主任兵法 [M]. 上海：华东师范大学出版社, 2004.

[11] 万伟. 课程的力量：学校课程规划、设计与实施 [M]. 上海：华东师范大学出版社, 2017.

[12] 王晓春. 做一个专业的班主任 [M]. 上海：华东师范大学出版社, 2008.

万千教育 基础教育类书目

书号	书名	著、译者	定价(元)
班主任工作理念与方法			
2877	班主任工作的60个"鬼点子"	刘坚新 郑学志 编著	52.00
2879	班主任与家长沟通的艺术 ——创建优质家校关系的60个策略	郑学志 著	52.00
2204	做一个会"偷懒"的班主任（第二版）	郑学志 著	48.00
1708	怎样教授道德才有效 ——德育心理学家给教师的建议	杨韶刚 等译	48.00
1709	学生特殊问题发现与应对 ——给普通教师的建议	昝飞 等著	48.00
7316	把班级还给学生 ——班集体建设与管理的创新艺术	郑立平 著	26.00
7344	遭遇问题学生 ——问题学生的教育与转化技巧	万玮 编著	25.00
7317	魅力班会是怎样炼成的	杨兵 著	25.00
8631	家校沟通，没有痛过你不会懂 ——知名班主任梅洪建的心路历程	梅洪建 著	32.00
0539	如何上好班级心理辅导活动课 ——钟志农答疑50问	钟志农 著	42.00
9902	德育主任新方略	丁如许 著	32.00
8611	班主任工作中的心理效应	刘儒德 主编	35.00
1135	班主任有效沟通的艺术与技巧	李进成 著	36.00

编号	书名	作者	定价
0541	班主任如何破解德育低效难题	赵坡 著	35.00
9135	班主任,青春万岁——王君带班之道	王君 著	34.00
8770	班主任如何带好差班	赵坡 著	30.00
8309	扶年轻班主任上马	王莉 著	38.00
7926	教师必须掌握的教育惩戒艺术	郑立平 等著	28.00
7928	做一个聪明的班主任 ——对常见七类学生的教育艺术	郑立平 等著	28.00
班主任工作理念与方法合计			**694.00**
小学班主任专业技能			
1196	小学班主任与家长沟通之道 ——心与心的交流	许丹红 著	36.00
8266	小学班主任的78个临场应变技巧	许丹红 著	32.00
0699	好班是怎样炼成的 ——小学班主任班级建设之道	谢云 主编	40.00
0672	正思维、正能量和正教育 ——魅力班主任的幸福教育生活	钱碧玉 著	36.00
9764	缔造完美教室 ——小学班本课程的开发与实践	李亚敏 刘娟 著	39.00
9574	小学家校沟通的艺术	王怀玉 著	35.00
9935	写给少先队辅导员的41条建议	许其龙 著	35.00
7798	优秀少先队辅导员的八项修炼	谢金土 等编著	26.00
小学班主任专业技能合计			**279.00**

……

欲了解更多图书信息,请登录:www.wqedu.com
联系地址:北京市西城区三里河路6号院2号楼213室 万千教育
咨询电话:010-65181109,65262933

*本目录定价如有错误或变动,以实际出书为准。